Vorwort

Sehr geehrte Leserin, sehr geehrter Leser,

nach vielen Jahren kontroverser Diskussionen hat sich die Regierungskoalition aus CDU/CSU und SPD darauf verständigt, eine Mindestsicherung in der gesetzlichen Rentenversicherung einzuführen – die Grundrente.

Bis zuletzt waren viele Fragen höchst umstritten. Vor allem die Frage, ob Einkommen und Vermögen anzurechnen sind. Herausgekommen ist wie so oft n der politischen Debatte ein Kompromiss. Vermögen wird nicht angerechnet. Einkommen wird angerechnet. Allerdings gibt es Freibeträge, die höher als in der Grundsicherung sind.

Grundsicherung ist ein wichtiges Stichwort. Sie wird nicht durch die Grundrente abgelöst. Sie gibt es auch weiterhin und muss es bei der jetzigen Ausgestaltung der Grundrente auch weiterhin geben.

Die Bundesregierung rechnet damit, dass etwa 1,3 Millionen Menschen die neue Grundrente bekommen werden. Das wird dazu führen, dass etliche von ihnen keine Grundsicherung im Alter mehr werden in Anspruch nehmen müssen.

Aber nicht alle mit zu geringer Rente werden Anspruch auf Grundrente haben. Die Schwelle ist mit 33 Beitragsjahren ziemlich hoch. Oft wird die Grundrente auch noch zu gering sein, um den notwendigen Lebensunterhalt zu finanzieren. Deshalb werden viele Menschen neben der Grundrente auch weiter Grundsicherung beziehen müssen.

Die Grundrente ist ein Zuschlag zur „normalen Rente". Sie muss nicht beantragt werden, Da es sich um eine neue Leistung handelt, für deren Berechnung neue EDV-Programme geschrieben werden mussten und Informationen eingeholt werden müssen, dauert die Bearbeitung zunächst noch recht lange. Erst Ende 2022 werden alle Ansprüche des Jahres 2021 geklärt sein. Dann wird Grundrente gegebenenfalls auch rückwirkend gezahlt.

Wenn Ihre Rente nicht reicht, sollten Sie in jedem Fall Grundsicherung beantragen, um Ihre Ansprüche zu sichern. Grundsicherung gibt es nämlich immer nur auf Antrag. Sollte sich später dann doch herausstellen, dass Ihnen Grundrente zusteht, wird diese mit der Grundsicherung verrechnet.

Diese Broschüre soll Ihnen helfen, die neue Grundrente zu verstehen und auch abzuschätzen, ob Sie einen Anspruch haben. Vor allem soll sie Ihnen helfen, die Berechnung der Rentenversicherung nachzuvollziehen und zu überprüfen. Die Regelungen sind sehr kompliziert. Da können schnell Fehler passieren.

Berlin, im Januar 2021

Prof. Dr. Rolf Rosenbrock
Vorsitzender des Paritätischen Gesamtverbandes

Inhaltsverzeichnis

Kapitel 1: Ziele und Grenzen der Grundrente

Die Grundrente soll das Vertrauen in das System der Rentenversicherung stärken. Diejenigen Versicherten sollen belohnt werden, die viele Jahre in die Rentenversicherung eingezahlt haben, die aber wegen eines geringen Verdienstes nur geringe Beiträge zahlen konnten. Trotz jahrzehntelanger Versicherung sind die Rentenleistungen dann oft so gering, dass sie zum Leben nicht reichen. Viele Rentnerinnen und Rentner müssen deshalb ergänzend zur Rente Grundsicherung im Alter vom Sozialamt beziehen. Etliche Rentnerinnen und Rentner wissen zu wenig über diese Möglichkeit oder schämen sich, zum Sozialamt zu gehen.

Nun wird mit der Grundrente der aus eigenen Beiträgen erwirtschaftete **Rentenanspruch angehoben**. Damit kann in vielen Fällen die Inanspruchnahme von Grundsicherung vermieden werden.

Trotz der neuen Grundrente werden aber nach wie vor Rentnerinnen und Rentner auf **ergänzende Grundsicherung** angewiesen sein, weil

- sie die Voraussetzungen für die Grundrente nicht erfüllen

  oder
- auch die Grundrente noch nicht ausreicht.

Die Bundesregierung schätzt, dass ca. 1,3 Millionen Rentnerinnen und Rentner einen Anspruch auf Grundrente haben werden. Genau lässt sich das nicht vorhersagen, weil die Anspruchsvoraussetzungen sehr kompliziert sind. Erst müssen die Versicherungsverläufe der Versicherten überprüft werden.

Um die Beitragszahler und Beitragszahlerinnen nicht zu belasten, wird die Grundrente nicht aus den Beitragsmitteln der Rentenversicherung finanziert. Vielmehr erhält die Rentenversicherung einen **Zuschuss aus Steuern** in Höhe von jährlich 1,4 Milliarden €.

Der Anspruch auf Grundrente setzt 35 Jahre an sogenannten **Grundrentenzeiten** in der gesetzlichen Rentenversicherung voraus. Ab 33 Jahren gibt es anteilige Leistungen.

In diesen Zeiten müssen auch bestimmte **Mindestverdienste** erzielt worden sein. Der Verdienst darf andererseits auch nicht zu hoch gewesen sein. Man spricht dann von **Grundrentenbewertungszeiten**.

Die Grundrente erhält nicht, wer neben der Rente ein zu hohes **Einkommen** hat. Das können beispielsweise Mieteinnahmen oder auch Zinsen sein. Weil die Einkommenssituation der Rentnerinnen und Rentner auch erst erhoben werden muss, wird die Bearbeitung zumindest zu Beginn der neuen Grundrente noch viele Monate in Anspruch nehmen. Die Bundesregierung geht davon aus, dass die Bearbeitung bis Ende des Jahres 2022 dauern wird. Wenn Leistungen bewilligt werden, werden sie selbstverständlich rückwirkend zum 1. Januar 2021 ausbezahlt.

Für Alleinstehende gibt es einen monatlichen Einkommensfreibetrag von 1.250,00 €, für Paare von 1.950,00 €. Darüber liegendes Einkommen wird teilweise angerechnet. Erst ab einem monatlichen Einkommen von 1.600,00 € bei Alleinstehenden und 2.300,00 € bei Paaren entfällt ein Anspruch auf Grundrente.

Diese wenigen Zeilen führen Sie zunächst zu mehr Fragen als Antworten. Was sind Grundrentenzeiten? Was ist mit Beschäftigungszeiten im Ausland? Wie hoch muss der Mindestverdienst gewesen sein? Welches Einkommen wird angerechnet? Wie erfolgt die Anrechnung? Was ist mit Vermögenswerten? Muss ich einen Antrag stellen? Welche Behörde ist zuständig? Wann kann ich mit Auszahlung der Grundrente rechnen? Erhalte ich in der Zwischenzeit bei Bedarf Grundsicherung? Erfolgt hier eine Verrechnung?

Auf all diese Fragen gehen die folgenden Kapitel ein. Die neue Grundrente wird Schritt für Schritt erklärt. Am Ende werden Sie einschätzen können, ob Ihnen die Grundrente zusteht. Nicht alle Kapitel werden für alle Leserinnen und Leser gleich wichtig sein. Das **Stichwortverzeichnis** am Ende dieser Broschüre soll Ihnen helfen, die Antwort auf Ihre Fragen zu finden.

Bei neuen Gesetzen stellt sich oft erst in der Anwendung heraus, dass die Regelungen nachgebessert werden müssen. Deshalb kann es gut sein, dass es bereits nach Inkrafttreten der neuen Grundrente am 1. Januar 2021 noch **Änderungen** gibt. Schauen Sie deshalb bei den in Kapitel 11 genannten Internet-Adressen, ob es etwas Neues gibt.

Die neue Grundrente ist im Wesentlichen in einem einzigen Paragraphen im Sozialgesetzbuch VI geregelt. Das Sozialgesetzbuch VI (SGB VI) regelt das Recht der gesetzlichen Rentenversicherung:

§ 76g Sozialgesetzbuch VI

Zuschlag an Entgeltpunkten für langjährige Versicherung

(1) Ein Zuschlag an Entgeltpunkten wird ermittelt, wenn mindestens 33 Jahre mit Grundrentenzeiten vorhanden sind und sich aus den Kalendermonaten mit Grundrentenbewertungszeiten ein Durchschnittswert an Entgeltpunkten ergibt, der unter dem nach Absatz 4 maßgebenden Höchstwert liegt.

(2) Grundrentenzeiten sind Kalendermonate mit anrechenbaren Zeiten nach § 51 Absatz 3a Satz 1 Nummer 1 bis 3; § 55 Absatz 2 gilt entsprechend. Grundrentenzeiten sind auch Kalendermonate mit Ersatzzeiten. Abweichend von Satz 1 sind Kalendermonate mit Pflichtbeitragszeiten oder Anrechnungszeiten wegen des Bezugs von Arbeitslosengeld keine Grundrentenzeiten.

(3) Grundrentenbewertungszeiten sind Kalendermonate mit Zeiten nach Absatz 2, wenn auf diese Zeiten Entgeltpunkte entfallen, die für den Kalendermonat mindestens 0,025 Entgeltpunkte betragen. Berücksichtigt werden für die Grundrentenbewertungszeiten auch Zuschläge an Entgeltpunkten nach den §§ 76e und 76f.

(4) Der Zuschlag an Entgeltpunkten wird ermittelt aus dem Durchschnittswert an Entgeltpunkten aus allen Kalendermonaten mit Grundrentenbewertungszeiten und umfasst zunächst diesen Durchschnittswert. Übersteigt das Zweifache dieses Durchschnittswertes den jeweils maßgeblichen Höchstwert an Entgeltpunkten nach den Sätzen 3 bis 5, wird der Zuschlag aus dem Differenzbetrag zwischen dem jeweiligen Höchstwert und dem Durchschnittswert nach Satz 1 ermittelt. Der Höchstwert beträgt 0,0334 Entgeltpunkte, wenn 33 Jahre mit Grundrentenzeiten vorliegen. Liegen mehr als 33, aber weniger als 35 Jahre mit Grundrentenzeiten vor, wird der Höchstwert nach Satz 3 je zusätzlichen Kalendermonat mit Grundrentenzeiten um 0,001389 Entgeltpunkte erhöht; das Ergebnis ist auf vier Dezimalstellen zu runden. Liegen mindestens 35 Jahre mit Grundrentenzeiten vor, beträgt der Höchstwert 0,0667 Entgeltpunkte. Zur Berechnung der Höhe des Zuschlags an Entgeltpunkten wird der nach den Sätzen 1 bis 5 ermittelte Entgeltpunktewert mit dem Faktor 0,875 und anschließend mit der Anzahl der Kalendermonate mit Grundrentenbewertungszeiten, höchstens jedoch mit 420 Kalendermonaten, vervielfältigt.

(5) Der Zuschlag an Entgeltpunkten wird den Kalendermonaten mit Grundrentenbewertungszeiten zu gleichen Teilen zugeordnet; dabei werden Kalendermonaten mit Entgeltpunkten (Ost) Zuschläge an Entgeltpunkten (Ost) zugeordnet.

Kapitel 2: Was muss ich tun? Was macht die Rentenversicherung?

1. Kein Antrag auf Grundrente erforderlich

Die Grundrente ist keine neue zusätzliche Leistung. Sie ist nur eine weitere Art, die Höhe der Rente zu berechnen. Versicherungszeiten, in denen Sie sehr wenig verdient haben und deshalb auch nur geringe Beiträge zahlen konnten, werden im Rahmen der Rentenberechnung höher bewertet. Dadurch erhalten Sie eine höhere Rente, als sie sich ergeben würde, wenn nur Ihre Beitragszahlungen zugrunde gelegt würden. Die Grundrente ist also keine weitere Rente, sondern in Wirklichkeit ein **Rentenzuschlag** oder eine **Rentenanhebung.**

Das heißt, dass Sie die Grundrente nicht extra beantragen müssen. Wenn Sie Ihren Rentenantrag stellen, berechnet die Rentenversicherung Ihren Rentenanspruch. Dabei prüft sie automatisch **ohne gesonderten Antrag**, ob Sie einen Anspruch auf Grundrente haben und um wieviel dadurch Ihre Rente angehoben wird. Auch wenn Sie bereits Rente erhalten, prüft die Rentenversicherung ohne Antrag von sich aus, ob Sie Anspruch auf Grundrente haben.

Da die Voraussetzungen für die Grundrente kompliziert sind und die Rentenversicherung viele Informationen verarbeiten muss, können bei der Prüfung und Berechnung Fehler passieren. Deshalb sollten Sie Ihren Rentenbescheid sehr genau lesen. Wenn Sie etwas nicht verstehen: Fragen Sie bei der Rentenversicherung nach! Bis Ende des Jahres 2022 haben Sie allerdings keinen Anspruch auf verbindliche Prüfung Ihres Anspruchs auf Grundrente. Wenn Ihnen etwas weiterhin unklar ist oder falsch erscheint: Lassen Sie sich von einem Sozialverband beraten. Den Sozialverband VdK und den Sozialverband Deutschland finden Sie in fast jeder Kreisstadt.

HINWEIS

Die **Rentenversicherung prüft automatisch**, ob Ihre Rente nach den Bestimmungen zur Grundrente angehoben werden muss, wenn

- Sie einen Antrag auf Altersrente stellen oder auch einen Antrag auf eine Erwerbsminderungsrente;
- Sie bereits eine Rente beziehen.

Zunächst wird die Rentenversicherung prüfen, ob die Personen, die ab 1. Januar 2021 in Rente gehen, einen Anspruch auf Grundrente haben. Entsprechende Bescheide werden voraussichtlich ab Juli 2021 ergehen. Bis dahin wird die Rente ausgezahlt, die sich aus den erfassten Beitragszeiten ergibt. Erst dann werden Ansprüche derjenigen geprüft, die bereits am 31. Dezember 2020 eine Rente bezogen haben. Diese Prüfung wird voraussichtlich bis Ende 2022 dauern. Kommt es zu einer Bewilligung, werden die zusätzlichen Leistungen der Grundrente **nachträglich ausgezahlt.**

Wenn Sie noch keine Rente beziehen, müssen Sie wie bisher einen Rentenantrag stellen. Nur der Anspruch auf Grundrente wird automatisch ohne Antrag geprüft. Wenn Sie in Ihrer Erwerbsfähigkeit eingeschränkt sind, können Sie eine Rente wegen Erwerbsminderung beantragen. Ob voraussichtlich eine Erwerbsminderung anerkannt wird, sollten Sie mit Ihrem Arzt besprechen.

Auch die Altersrente müssen Sie beantragen. Die Rentenversicherung empfiehlt, den Antrag drei Monate vor dem gewünschten Rentenbeginn zu stellen. Um wirklich eine Rentenzahlung nach Ende der Erwerbstätigkeit sicher zu stellen, sollten Sie den Antrag besser schon sechs Monate vor dem gewünschten Rententermin stellen.

Weitere Hinweise und Formulare für den Rentenantrag finden Sie im Internet unter www.deutsche-rentenversicherung.de → Rente.

2. Vorsichtshalber Grundsicherung beantragen

Wenn Sie nur eine geringe Rente bekommen und nicht genau abschätzen können, ob Sie auch Grundrente erhalten werden, sollten Sie vorsichtshalber **Grundsicherung beim Sozialamt beantragen.** Dann ist die Finanzierung Ihres Lebensunterhalts sichergestellt. Sollte sich hinterher herausstellen, dass Grundrente nachgezahlt werden muss, wird diese mit der Grundsicherung verrechnet. Mehr zur Grundsicherung finden Sie in dieser Broschüre in Kapitel 9.

Wenn Ihnen nach Zahlung der Warmmiete nur höchstens 700,00 € von Ihrer Rente bleiben, sollten Sie auf jeden Fall Grundsicherung beantragen.

3. Leistungsvoraussetzungen für die Grundrente

Zunächst einmal nennen wir Ihnen hier die **drei Grundvoraussetzungen**, die im Folgenden dann erläutert werden:

- Sie müssen mindestens **33 Jahre an sogenannten Grundrentenzeiten** in der Rentenversicherung erreicht haben. Das sind 396 Kalendermonate.
- Höher bewertet werden Monate, in denen Sie **mindestens 30 % des Durchschnittsverdienstes** erzielt und entsprechende Beiträge gezahlt haben, aber nicht mehr als 80 % des Durchschnittsverdienstes.
- Ihr Einkommen darf eine bestimmte **Einkommensgrenze** nicht überschreiten.

Merke: Bei weniger als 396 Monaten an Grundrentenzeiten haben Sie keinen Anspruch auf Grundrente.

Die Grundrente erhalten auch Rentenberechtigte, die **im Ausland** leben.

Kapitel 3: Was sind Grundrentenzeiten?

Grundrentenzeiten sind Kalendermonate,

- in denen Sie Pflichtbeiträge aus einer Beschäftigung oder Tätigkeit gezahlt haben. Freiwillige Beiträge zählen nicht.
- für die Pflichtbeiträge für Kindererziehung (Kindererziehungszeiten) oder die Pflege von Angehörigen (durch die Pflegekasse) gezahlt wurden.
- in denen Sie Krankengeld von der Krankenkasse bezogen haben und die Krankenkasse hierauf Rentenversicherungsbeiträge gezahlt hat.
- in denen Sie Übergangsgeld während einer Rehabilitation (Kur) bezogen haben und darauf von dem Träger der Rehabilitation Rentenversicherungsbeiträge gezahlt wurden.
- In denen Pflichtbeiträge für die Ableistung eines Pflichtwehrdienstes oder eines Zivildienstes abgeführt wurden.
- für die Pflichtbeiträge im Rahmen einer Nachversicherung nach Ausscheiden aus einem Beamtenverhältnis oder als Zeitsoldat entrichtet wurden.
- in denen Sie Militärdienst geleistet haben oder in Kriegsgefangenschaft waren.
- in denen Sie aus politischen Gründen in der ehemaligen DDR inhaftiert waren.

Angebrochene Monate werden als volle Monate gezählt.

Keine Grundrentenzeiten sind

- Zeiten des Bezuges von Arbeitslosengeld, Arbeitslosenhilfe oder Arbeitslosengeld 2 (Hartz IV), auch wenn für diese Zeiten Rentenversicherungsbeiträge abgeführt wurden.
- Zeiten, die Ihnen in einem Versorgungsausgleich oder in einem Rentensplitting gutgeschrieben wurden.
- Zeiten der Schulausbildung und des Studiums. Anders ist es, wenn Sie in einem dualen Studium gearbeitet und in dieser Zeit Pflichtbeiträge in die Rentenversicherung gezahlt haben.
- die sogenannten Zurechnungszeiten. Diese werden bei der Berechnung von Renten wegen Erwerbsminderung den Versicherungszeiten zugeschlagen, um das Rentenniveau anzuheben.

Ab Vollendung des 55. Lebensjahres erhalten Sie alle drei Jahre eine **Rentenauskunft von der Rentenversicherung**. Diese enthält eine Auflistung der bei der Rentenversicherung gespeicherten Zeiten. Diese Auflistung heißt **Versicherungsverlauf**. Generell sollten Sie diese Aufstellung immer sehr genau prüfen, ob auch alle Zeiten richtig und vollständig erfasst sind, damit es bei der späteren Rentenberechnung keine Probleme gibt. Dem Versicherungsverlauf können Sie auch entnehmen, um welche Art von rentenrechtlicher Zeit es sich handelt. Damit können Sie auch abschätzen, wie viele Monate an Grundrentenzeiten Sie erreicht haben.

An den beiden folgenden **Beispielen** können Sie erkennen, wie die sogenannten **Grundrentenzeiten** ermittelt werden.

BEISPIEL

Herr Müller ist am 10. Mai 1957 geboren. Das normale Renteneintrittsalter für Personen, die im Jahre 1957 geboren sind, beträgt 65 Jahre und 11 Monate. Herr Müller kann also am 1. Mai 2023 in Rente gehen. Den Rentenantrag sollte er am besten im November 2022 stellen.

Herr Müller hat im September 1973 eine Berufsausbildung als Kaufmann begonnen, in der er Rentenversicherungsbeiträge entrichtet hat. Anschließend war er rentenversicherungspflichtig berufstätig. Zwischendurch hat er von Januar 1977 bis April 1978 16 Monate Zivildienst geleistet.

2005 ist Herr Müller schwer erkrankt. Von April 2005 bis Juli 2006 bezog er Krankengeld. Anschließend musste er im August und September 2006 in eine Rehabilitationsklinik. Wegen seiner Erkrankung verlor er seine Arbeit und war von Oktober 2006 bis März 2008 arbeitslos gemeldet. Am 1. April 2007 konnte er wieder eine rentenversicherungspflichtige Tätigkeit aufnehmen. Voraussichtlich wird er bis zum Eintritt in die Rente also bis 30. April 2023 versicherungspflichtig beschäftigt bleiben.

So sieht der Versicherungsverlauf von Herrn Müller aus:

Zeitraum	Rentenrechtliche Zeit	Grundrentenzeit
September – Dezember 1973	4 Monate Pflichtbeiträge	4 Monate
Januar 1974 – Dezember 1976	36 Monate (3 Jahre) Pflichtbeiträge	36 Monate
Januar 1977 – April 1978	16 Monate Zivildienst	16 Monate
Mai – Dezember 1978	8 Monate Pflichtbeiträge	8 Monate
Januar 1978 – Dezember 2004	324 Monate (27 Jahre) Pflichtbeiträge	324 Monate
Januar 2005 – März 2005	3 Monate Pflichtbeiträge	3 Monate
April 2005 – Juli 2006	15 Monate Krankengeld	15 Monate
August – September 2006	2 Monate Übergangsgeld	2 Monate
Oktober 2006 – März 2008	18 Monate Arbeitslosigkeit	--
April – Dezember 2008	9 Monate Pflichtbeiträge	9 Monate
Januar 2009 – Dezember 2022	168 Monate (14 Jahre) Pflichtbeiträge	168 Monate
Januar – April 2023	4 Monate Pflichtbeiträge	4 Monate
Grundrentenmonate insgesamt		**589 Monate**

Mit 589 Monaten Grundrentenzeiten hat Herr Müller weit mehr als die mindestens geforderten 396 Monate Grundrentenzeit erreicht.

BEISPIEL

Auch Frau Maier ist am 10. Mai 1957 geboren. Auch sie kann am 1. Mai 2023 in Rente gehen. Ihr Leben ist jedoch anders verlaufen.

Sie hat erst im September 1973 eine rentenversicherungspflichtige Ausbildung begonnen. Diese hat sie im August 1976 beendet und war dann bis Januar 1977 arbeitslos. Ab 1. Februar 1977 war sie rentenversicherungspflichtig beschäftigt. Diese Tätigkeit unterbrach sie wegen der Geburt des Kindes Maximilian vom 1. Mai 1980 bis 30. April 1983. Sie unterbrach die Tätigkeit erneut wegen der Geburt des zweiten Kindes Miriam vom 1. Januar 1985 bis 31. Dezember 1989.

Wegen der Geburt des dritten Kindes Sebastian unterbrach Frau Maier ihre Berufstätigkeit ein weiteres Mal vom 1. August 1993 bis 31. Dez. 1997.

Am 1. Januar 2008 nahm Frau Maier eine selbstständige Tätigkeit auf, in der sie nicht rentenversichert war.

Seit Januar 2016 pflegt sie ihre Mutter mehr als zehn Stunden wöchentlich. Sie hat ihre Berufstätigkeit entsprechend reduziert. Die Mutter hat Pflegegrad 3 in der gesetzlichen Pflegeversicherung. Es wird hier unterstellt, dass die Pflege bis zum Renteneintritt von Frau Maier andauern wird, also bis 30. April 2023.

So sieht der Versicherungsverlauf von Frau Maier aus:

Zeitraum	**Rentenrechtliche Zeit**	**Grundrentenzeit**
September 1973 – August 1976	36 Monate Pflichtbeiträge	36 Monate
September 1976 – Januar 1977	5 Monate Arbeitslosigkeit	--
Februar 1977 – April 1980	39 Monate Pflichtbeiträge	39 Monate
Mai 1980 – April 1983	30 Monate Kindererziehung *)	30 Monate
Mai 1983 – Dezember 1984	20 Monate Pflichtbeiträge	20 Monate
Januar 1985 – Dezember 1989	30 Monate Kindererziehung *)	30 Monate
Januar 1990 – Juli 1993	43 Monate Pflichtbeiträge	43 Monate
August 1993 – Dezember 1997	36 Monate Kindererziehung **)	36 Monate
Januar 1998 – Dezember 2007	120 Monate Pflichtbeiträge	120 Monate
Januar 2008 – Dezember 2015	Nicht versichert	--
Januar 2016 – April 2023	88 Monate Pflegezeit	88 Monate
Grundrentenmonate insgesamt		**442 Monate**

*) Für Kinder, die vor 1992 geboren wurden, werden höchstens 30 Monate Kindererziehungszeiten auf die Rente angerechnet.

**) Für Kinder, die ab 1992 geboren wurden, werden höchstens 36 Monate Kindererziehungszeiten auf die Rente angerechnet.

Mit 442 Monaten Grundrentenzeiten hat Frau Maier mehr als die mindestens geforderten 396 Monate Grundrentenzeit erreicht.

Angerechnet werden auch Zeiten, in denen Sie im **Ausland** beschäftigt waren. Voraussetzung ist dafür allerdings, dass es sich bei dem anderen Staat um ein Mitglied der Europäischen Union (EU) handelt oder dass mit diesem Staat ein Sozialversicherungsabkommen besteht. Deutschland hat derzeit Sozialversicherungsabkommen mit 20 Staaten außerhalb der Europäischen Union: www.deutsche-rentenversicherung.de → Rente → Rente und Ausland → Arbeiten und Ausland.

Das Zusammenwirken des deutschen und des ausländischen Rentenversicherungssystems ist nicht in jedem Fall gleich. Teilweise gibt es Wahlrechte, die zu unterschiedlichen Folgen auch für die Grundrente führen.

Deshalb sollten Sie sich bei **Beschäftigungszeiten im Ausland** über die Auswirkungen auf einen Anspruch auf Grundrente besonders beraten lassen: www.deutsche-rentenversicherung.de → Beratung & Kontakt.

Vor 1984 wurde im Versicherungsverlauf nicht erfasst, ob in **Zeiten der Arbeitsunfähigkeit** Krankengeld von der Krankenkasse oder Übergangsgeld vom Träger der Rehabilitation gezahlt wurde. Diese Zeiten werden als Grundrentenzeiten anerkannt, wenn Sie glaubhaft machen können, in diesen Zeiten Krankengeld oder Übergangsgeld erhalten zu haben.

Wenn Sie keine Belege haben, können Sie auch eine eidesstattliche Versicherung abgeben.

! Achten Sie darauf, ob Zeiten der Arbeitsunfähigkeit vor 1984 richtig bewertet wurden und nehmen Sie gegebenenfalls Kontakt zur Rentenversicherung auf.

Kapitel 4: Was hat es mit dem Durchschnittsverdienst auf sich?

Die Grundrente soll niedrige Renten anheben, die wegen nur geringer durchschnittlicher Löhne und Gehälter erwirtschaftet wurden. Dabei sollen aber solche Einkünfte außer Betracht bleiben, die vor allem wegen eines geringen Stundenumfangs niedrig waren. Deshalb werden auch Zeiten einer geringfügigen Beschäftigung nicht angerechnet.

Grundrente soll also nur erhalten, wer zwar einerseits unterdurchschnittlich verdient hat, aber eben andererseits doch ein gewisses Maß an Beiträgen zur Rentenversicherung beigetragen hat. Deshalb werden nur die Zeiten berücksichtigt, in denen Sie mindestens 30 % des Durchschnittsverdienstes verdient haben.

Dabei kommt es nicht darauf an, ob nur geringe Beiträge wegen geringen Verdiensten oder wegen einer Teilzeitbeschäftigung gezahlt wurden.

Im Jahr 2019 betrug der durchschnittliche Bruttojahresverdienst 38.901,00 €. Das sind monatlich 3.241,75 €. 30 % hiervon sind 11.670,30 € jährlich oder 972,53 € monatlich. Mindestens so viel müssen Sie also im Jahre 2019 verdient haben, damit das Jahr 2019 überhaupt für die Berechnung der Grundrente berücksichtigt wird.

Die Grundrente ist ja keine eigenständige zusätzliche Leistung. Unter diesem Namen wird lediglich eine Höherbewertung von Versicherungszeiten vorgenommen mit der Folge, dass Sie einen höheren Rentenanspruch haben. Die Anhebung erfolgt auf höchstens das Niveau, das jemand erreicht, der 80 % des Durchschnittseinkommens verdient hat. Das heißt für Sie: Wenn Ihr Einkommen mindestens 80 % des Durchschnittseinkommens betragen hat, erhalten Sie keine Grundrente.

Im Jahr 2019 waren 80 % des durchschnittlichen Bruttoverdienstes 31.120,80 € jährlich oder 2.593,40 € monatlich. Wenn Sie mehr verdient haben, wird das Jahr 2019 nicht für die Berechnung der Grundrente berücksichtigt.

Wenn Sie also 2019 zwischen 11.670,30 € und 31.120,80 € verdient haben, wird das Jahr 2019 für die Berechnung einer Grundrente berücksichtigt. Solche Jahre beziehungsweise Monate heißen im Gesetz Grundrentenbewertungszeiten.

In einem ersten Schritt wird also ermittelt, ob und wie viele Monate an Grundrentenzeiten Ihr Rentenversicherungsverlauf aufweist. In einem zweiten Schritt wird dann geprüft, welche dieser Zeiten auch Grundrentenbewertungszeiten sind. Sie können hieraus ersehen, dass die Prüfung von Ansprüchen auf Grundrente sehr kompliziert und aufwändig ist. Hierfür mussten völlig neue Computerprogramme geschrieben werden.

Dadurch ist es auch zu erklären, dass die Prüfung durch die Rentenversicherung sehr viel Zeit in Anspruch nimmt. Auch wenn diese Prüfung sehr sorgfältig erfolgt, so gibt es doch zahlreiche Fehlerquellen. Deshalb ist es wichtig, sich die Auswertung der Rentenversicherung Monat für Monat anzuschauen.

BEISPIEL

An einem kleinen Beispiel soll hier der Unterschied zwischen Grundrentenzeit und Grundrentenbewertungszeit dargelegt werden.

Zeitraum	Rentenversicherungspflichtiger Verdienst	Grundrentenzeit	Grundrentenbewertungszeit
Januar 2019	2.000,00 €	Ja	ja
Februar 2019	2.000,00 €	Ja	Ja
März 2019	Arbeitslosengeld	Nein	Nein
April 2019	950,00 €	Ja	Nein
Mai 2019	950,00 €	Ja	Nein
Juni 2019	1.000,00 €	Ja	Ja
Juli 2019	1.500,00 €	Ja	Ja

Im Januar und Februar 2019 lag rentenversicherungspflichtiger Verdienst vor. Also sind diese Monate Grundrentenzeiten. Der Verdienst lag über 30 % (972,53 €) des Durchschnittseinkommens (3.241,75 €). Deshalb sind die beiden Monate auch Grundrentenbewertungszeiten.

Der Bezug von Arbeitslosengeld ist niemals Grundrentenzeit, auch wenn in dieser Zeit Rentenversicherungsbeiträge geleistet wurden. Damit kann der März weder Grundrentenzeit noch Grundrentenbewertungszeit sein.

Im April und Mai wurde wieder rentenversicherungspflichtig gearbeitet. Es handelt sich damit um Grundrentenzeiten. Der Verdienst lag aber unter 30 % des Durchschnittseinkommens. Deshalb sind diese beiden Monate keine Grundrentenbewertungszeiten.

Dagegen stieg das Einkommen im Juni und Juli auf über 30 % des Durchschnittseinkommens. Damit handelt es sich hier wieder um Grundrentenbewertungszeiten.

Meistens ist die Zahl der Monate mit Grundrentenbewertungszeiten geringer als die Zahl der Monate mit Grundrentenzeiten. Das ist nicht schlimm. Die Mindestzahl von 33 Monaten bezieht sich nur auf die Grundrentenzeiten.

Die nachfolgende Tabelle zeigt Ihnen die durchschnittlichen Bruttojahresentgelte von 1951 bis 2001 in DM und ab 2002 in €. Besonderheiten der knappschaftlichen Rentenversicherung für Bergleute sind nicht berücksichtigt.

Für Verdienste in der DDR beziehungsweise auf dem Gebiet der ehemaligen DDR – Berlin-Ost, Mecklenburg-Vorpommern, Brandenburg, Sachsen-Anhalt, Thüringen und Sachsen – müssen Umrechnungen vorgenommen werden, auf die weiter unten eingegangen wird. Es wird damit berücksichtigt, dass hier die durchschnittlichen Löhne und Gehälter niedriger waren als im Westen Deutschlands.

Durchschnittsverdienste für die rentenrechtliche Bewertung Westdeutschland

Jahr	Durchschnitt Jahr	Durchschnitt Monat	30 %	80 %
2020	40.551	3.379,25	1.013,775	2.703,4
2019	38.901	3.241,75	972,525	2.593,4
2018	37.873	3.156,083	946,825	2.524,867
2017	37.077	3.089,75	926,925	2.471,8
2016	36.187	3.015,583	904,675	2.412,467
2015	35.363	2.946,917	884,075	2.357,533
2014	34.514	2.876,167	862,85	2.300,933
2013	33.659	2.804,917	841,475	2.243,933
2012	33.002	2.750,167	825,05	2.200,133
2011	32.100	2.675	802,5	2.140
2010	31.144	2.595,333	778,6	2.076,267
2009	30.506	2.542,167	762,65	2.033,733
2008	30.625	2.552,083	765,625	2.041,667
2007	29.951	2.495,917	748,775	1.996,733
2006	29.494	2.457,833	737,35	1.966,267
2005	29.202	2.433,5	730,05	1.946,8
2004	29.060	2.421,667	726,5	1.937,333
2003	28.938	2.411,5	723,45	1.929,2
2002	28.626	2.385,5	715,65	1.908,4
2001	55.216	4.601,333	1.380,4	3.681,067
2000	54.256	4.521,333	1.356,4	3.617,067
1999	53.507	4.458,917	1.337,675	3.567,133
1998	52.925	4.410,417	1.323,125	3.528,333
1997	52.143	4.345,25	1.303,575	3.476,2
1996	51.678	4.306,5	1.291,95	3.445,2
1995	50.665	4.222,083	1.266,625	3.377,667
1994	49.142	4.095,167	1.228,55	3.276,133
1993	48.178	4.014,833	1.204,45	3.211,867
1992	46.820	3.901,667	1.170,5	3.121,333
1991	44.421	3.701,75	1.110,525	2.961,4
1990	41.946	3.495,5	1.048,65	2.796,4
1989	40.063	3.338,583	1.001,575	2.670,867
1988	38.896	3.241,333	972,4	2.593,067
1987	37.726	3.143,833	943,15	2.515,067
1986	36.627	3.052,25	915,675	2.441,8
1985	35.286	2.940,5	882,15	2.352,4
1984	34.292	2.857,667	857,3	2.286,133
1983	33.293	2.774,417	832,325	2.219,533
1982	32.198	2.683,167	804,95	2.146,533
1981	30.900	2.575	772,5	2.060
1980	29.485	2.457,083	737,125	1.965,667
1979	27.685	2.307,083	692,125	1.845,667
1978	26.242	2.186,833	656,05	1.749,467
1977	24.945	2.078,75	623,625	1.663
1976	23.335	1.944,583	583,375	1.555,667

Jahr	Durchschnitt Jahr	Durchschnitt Monat	30 %	80 %
1975	21.808	1.817,333	545,2	1.453,867
1974	20.381	1.698,417	509,525	1.358,733
1973	18.295	1.524,583	457,375	1.219,667
1972	16.335	1.361,25	408,375	1.089
1971	14.931	1.244,25	373,275	995,4
1970	13.343	1.111,917	333,575	889,533
1969	11.839	986,583	295,975	789,267
1968	10.842	903,5	271,05	722,8
1967	10.219	851,583	255,475	681,267
1966	9.893	824,417	247,325	659,533
1965	9.229	769,083	230,725	615,267
1964	8.467	705,583	211,675	564,467
1963	7.775	647,917	194,375	518,333
1962	7.328	610,667	183,2	488,533
1961	6.723	560,25	168,075	448,2
1960	6.101	508,417	152,525	406,733
1959	5.602	466,833	140,05	373,467
1958	5.330	444,167	133,25	355,333
1957	5.043	420,25	126,075	336,2
1956	4.844	403,667	121,1	322,933
1955	4.548	379	113,7	303,2
1954	4.234	352,833	105,85	282,267
1953	4.061	338,417	101,525	270,733
1952	3.852	321	96,3	256,8
1951	3.579	298,25	89,475	238,6

Durchschnittsverdienste für die rentenrechtliche Bewertung ehemalige DDR und Neue Bundesländer

Jahr	Durchschnitt Jahr	Durchschnitt Monat	30 %	80 %
2020	36.356	3.029,667	908,9	2.423,733
2019	35.887	2.990,583	897,175	2.392,467
2018	33.671	2.805,917	841,775	2.244,733
2017	32.598	2.716,5	814,95	2.173,2
2016	31.701	2.641,75	792,525	2.113,4
2015	30.745	2.562,083	768,625	2.049,667
2014	29.588	2.465,667	739,7	1.972,533
2013	28.617	2.384,75	715,425	1.907,8
2012	28.003	2.333,583	700,075	1.866,867
2011	27.342	2.278,5	683,55	1.822,8
2010	26.560	2.213,333	664	1.770,667
2009	26.047	2.170,583	651,175	1.736,467
2008	25.829	2.152,417	645,725	1.721,933
2007	25.294	2.107,833	632,35	1.686,267

Jahr	Durchschnitt Jahr	Durchschnitt Monat	30 %	80 %
2006	24.938	2.078,167	623,45	1.662,533
2005	24.691	2.057,583	617,275	1.646,067
2004	24.355	2.029,583	608,875	1.623,667
2003	24.230	2.019,167	605,75	1.615,333
2002	23.911	1.992,583	597,775	1.594,067
2001	46.002	3.833,5	1.150,05	3.066,8
2000	45.101	3.758,417	1.127,525	3.006,733
1999	44.389	3.699,083	1.109,725	2.959,267
1998	43.693	3.641,083	1.092,325	2.912,867
1997	43.133	3.594,417	1.078,325	2.875,533
1996	42.328	3.527,333	1.058,2	2.821,867
1995	41.134	3.427,833	1.028,35	2.742,267
1994	38.734	3.227,833	968,35	2.582,267
1993	36.507	3.042,25	912,675	2.433,8
1992	32.530	2.710,833	813,25	2.168,667
1991	25.774	2.147,833	644,35	1.718,267
1990	15.484	1.290,333	387,1	1.032,267
1989	12.392	1.032,667	309,8	826,133
1988	12.012	1.001	300,3	800,8
1987	11.591	965,917	289,775	772,733
1986	11.110	925,833	277,75	740,667
1985	10.651	887,583	266,275	710,067
1984	10.428	869	260,7	695,2
1983	10.204	850,333	255,1	680,267
1982	10.016	834,667	250,4	667,733
1981	9.768	814	244,2	651,2
1980	9.448	787,333	236,2	629,867
1979	9.311	775,917	232,775	620,733
1978	9.073	756,083	226,825	604,867
1977	8.801	733,417	220,025	586,733
1976	8.534	711,167	213,35	568,933
1975	8.301	691,75	207,525	553,4
1974	8.008	667,333	200,2	533,867
1973	7.740	645	193,5	516
1972	7.526	627,167	188,15	501,733
1971	7.287	607,25	182,175	485,8
1970	7.069	589,083	176,725	471,267
1969	6.835	569,583	170,875	455,667
1968	6.609	550,75	165,225	440,6
1967	6.416	534,667	160,4	427,733
1966	6.157	513,083	153,925	410,467
1965	5.969	497,417	149,225	397,933
1964	5.812	484,333	145,3	387,467
1963	5.689	474,083	142,225	379,267
1962	5.570	464,167	139,25	371,333
1961	5.433	452,75	135,825	362,2

Jahr	Durchschnitt Jahr	Durchschnitt Monat	30 %	80 %
1960	5.328	444	133,2	355,2
1959	5.169	430,75	129,225	344,6
1958	4.849	404,083	121,225	323,267
1957	4.551	379,25	113,775	303,4
1956	4.392	366	109,8	292,8
1955	4.268	355,667	106,7	284,533
1954	4.157	346,417	103,925	277,133
1953	3.883	323,583	97,075	258,867
1952	3.628	302,333	90,7	241,867
1951	3.408	284	85,2	227,2

Wenn Ihr rentenversicherungspflichtiges Erwerbseinkommen im Jahre 1999 in Westdeutschland monatlich zwischen 1.337,68 DM und 3.567,13 DM betragen hat, zählt dieses Jahr für einen Anspruch auf Grundrente. Gleiches galt bei einer Beschäftigung in Ostdeutschland im Jahre 2014 für monatliche rentenversicherungspflichtige Erwerbseinkünfte zwischen 739,70 € und 1.972,53 €.

Anhand dieser konkreten Zahlen können Sie also abschätzen, welche Ihrer Beitragszeiten in der Rentenversicherung Grundrentenbewertungszeiten sind.

Weiter oben haben Sie bereits erfahren, dass **Zeiten der Kindererziehung** als Grundrentenzeiten angerechnet werden. Für Kinder, die vor 1992 geboren wurden, sind dies jeweils 30 Monate. Für ab 1992 geborene Kinder sind das jeweils 36 Monate. Die erziehenden Mütter oder Väter brauchen hierfür keine Beiträge zu entrichten. Die Rentenversicherung erhält stattdessen einen pauschalen Zuschuss aus Steuermitteln des Bundes. Dafür erhalten die Mütter oder Väter auf ihrem Rentenkonto (in ihrem Versicherungsverlauf) eine **Gutschrift, die dem Durchschnittsverdienst entspricht**.

Ein Jahr Kindererziehung in Sachsen im Jahre 1996 wird also wie ein Jahreseinkommen von 42.328 DM behandelt, ein Jahr Kindererziehung in Hessen 2014 wie ein Jahreseinkommen von 34.514 €. Damit ist diese Zeit mit mehr als 80 % des Durchschnittsverdienstes bewertet. Sie wird also nur als Grundrentenzeit aber nicht als Grundrentenbewertungszeit angerechnet.

Auch bestimmte Zeiten der **Pflege von Angehörigen** oder anderen Personen führen zu Beitragszeiten in der Rentenversicherung. Voraussetzung ist, dass

- Sie die Pflege nicht erwerbsmäßig ausgeübt haben. Die Pflege eines Angehörigen oder Nachbarn darf also keine Berufstätigkeit gewesen sein. Wenn der Pflegebedürftige Ihnen das Pflegegeld gibt, das er von der Pflegekasse erhält, ist dies noch keine berufsmäßige Pflege.
- Sie die Pflege wöchentlich mindestens 10 Stunden an mindestens zwei Tagen geleistet haben.
- Sie neben der Pflege nur eine eingeschränkte Berufstätigkeit von höchstens 30 Wochenstunden ausgeübt haben.
- der Medizinische Dienst der Krankenkassen beim Pflegebedürftigen einen Pflegegrad von mindestens 2 festgestellt hat. Pflegegrad 2 reicht aber nicht, um eine Grundrentenbewertungszeit zu erwerben.

Wie hoch die Bewertung der Pflegezeit, also die **Gutschrift auf dem Rentenkonto** ist, hängt von mehreren Faktoren ab:

- Welchen Pflegegrad hat der Pflegebedürftige?
- Hat er Pflegegeld, Pflegesachleistung oder beides erhalten?
- Haben Sie allein gepflegt oder sich die Pflege mit anderen geteilt?

Die Bewertung der Pflegezeit liegt unter Berücksichtigung dieser Faktoren zwischen 18 % und 100 % des Durchschnittsverdienstes. Liegt die Bewertung nur bei 18 %, zählt diese Zeit nicht als Grundrentenbewertungszeit. Grundrentenbewertungszeiten sind ja nur die Zeiten, in denen Beiträge mindestens in Höhe von 30 % des Durchschnitts geleistet wurden.

Diesen Wert für die **Grundrentenbewertungszeit** erreichen Sie **in keinem Fall**, wenn der Pflegebedürftige nur einen **Pflegegrad 2** hat. Hier erhalten Sie nur eine Gutschrift in Höhe von 18 % bis 27 % des Durchschnittsverdienstes. Bei höheren Pflegegraden reicht die Gutschrift zum Erwerb einer Grundrentenbewertungszeit. Anders kann es dann sein, wenn sie sich die Pflege mit anderen Personen geteilt haben.

Dann wird nämlich die Gutschrift zwischen Ihnen aufgeteilt.

☞ Ausführliche Informationen zur Anerkennung von Pflegezeiten in der Rentenversicherung finden Sie hier: www.deutsche-rentenversicherung.de → Rente → Familien & Kinder → Pflege von Angehörigen.

Wenn Sie bereits **vor 1992** in Rente gegangen sind, gilt eine andere Rechnung. Ein Anspruch auf Grundrente besteht, wenn seinerzeit ein Zuschlag für die Rente nach Mindesteinkommen errechnet wurde und sich hieraus ein monatlicher Durchschnittswert von unter 0,0625 Entgeltpunkten ergibt.

Sofern die Rente vor 1992 nach dem Recht der DDR berechnet worden ist, gelten die dort zurückgelegten Arbeitsjahre sowohl als Grundrentenzeiten als auch als Grundbewertungszeiten. Die persönlichen Entgeltpunkte werden durch die erreichten Monate geteilt. Das ist dann die Basis für die weitere Berechnung eines Anspruchs auf Grundrente, die im folgenden Kapitel dargestellt wird.

Kapitel 5: Wie wird die Grundrente berechnet?

1. Grundlage ist der Entgeltpunkt

Um Ihnen die Einschätzung zu erleichtern, ob Sie genügend Grundrentenzeiten in Ihrem Rentenversicherungsverlauf gesammelt haben, haben wir Ihnen in den vorangegangenen Kapiteln einfache Versicherungsverläufe gezeigt. Um Ihnen die Einschätzung zu erleichtern, ob diese Zeiten auch als Grundrentenbewertungszeiten angerechnet werden, haben wir die monatlichen und jährlichen Durchschnittsverdienste in der Rentenversicherung in DM und € dargestellt.

Wenn Sie in das Sozialgesetzbuch VI schauen, das die Regelungen zur gesetzlichen Rentenversicherung enthält, werden Sie keine Beträge in DM und € finden. Das Gesetz arbeitet stattdessen mit Punktwerten – den **Entgeltpunkten**.

Die Rentenversicherung bewertet alle Zeiten, die für die Rente eine Rolle spielen können, mit Entgeltpunkten. Ein Kalenderjahr mit **Durchschnittsverdienst wird mit einem Entgeltpunkt** bewertet. Wenn Sie also im Jahr 2000 in Westdeutschland 54.265,00 DM verdient haben, erhalten Sie für dieses Jahr einen Entgeltpunkt. Haben sie die Hälfte, also 27.133,00 DM verdient, erhalten Sie einen halben (0,5) Entgeltpunkt.

Haben Sie das Anderthalbfache (1,5) des Durchschnitts verdient (81.398,00 DM), erhalten Sie 1,5 Entgeltpunkte. Die mögliche Anzahl der Entgeltpunkte ist durch die **Beitragsbemessungsgrenze gedeckelt**. Sie betrug im Jahre 2000 in Westdeutschland 103.200,00 DM. Damit konnten im Jahre 2000 in Westdeutschland höchstens 1,9 Entgeltpunkte erzielt werden (103.200,00 : 54.265,00 = 1,9).

An den beiden beispielhaften Versicherungsverläufen in Kapitel 3 haben Sie gesehen, dass die Rentenversicherung in der Regel auf der Basis von **Monatszahlen** arbeitet. Meistens beginnen Beschäftigungen ja auch am Monatsanfang und enden am Monatsende. Das heißt, dass Jahresbeträge durch zwölf geteilt werden müssen, um die entsprechenden Monatsbeträge zu erhalten. Wenn also der **Durchschnittsverdienst** im Jahr zu 1 Entgeltpunkt führt, führt er **im Monat zu einem Zwölftel davon, also 0,083 Entgeltpunkten**.

Angebrochene Monate gelten als volle Monate.

2. Auswirkung des Entgeltpunkts auf die Rente

Der Entgeltpunkt ist ein wesentlicher Faktor zur Berechnung der Rente. Die Rente wird mit Hilfe einer **Rentenformel** bestimmt. Sie findet sich relativ verständlich im Gesetz – § 64 Sozialgesetzbuch VI:

„Der Monatsbetrag der Rente ergibt sich, wenn

1. *die unter Berücksichtigung des Zugangsfaktors ermittelten persönlichen Entgeltpunkte,*
2. *der Rentenartfaktor und*
3. *der aktuelle Rentenwert*

mit ihrem Wert bei Rentenbeginn miteinander vervielfältigt werden."

! Rentenformel:

(Entgeltpunkte +/- Zugangsfaktor) x Rentenartfaktor x aktueller Rentenwert

Wenn Sie 40 Jahre lang ein durchschnittliches Einkommen hatten, haben Sie 40 mal 1 Entgeltpunkt erworben, also 40 Entgeltpunkte. Bei monatlicher Betrachtung waren das 480 Monate mit jeweils 0,083 Entgeltpunkten. Rechnerisch sind das 39,84 Entgeltpunkte, die aber auf 40 aufgerundet werden.

BEISPIEL

Die meisten Erwerbsverläufe sind nicht so geradlinig. Typischer ist vielleicht dieses Beispiel:

Zeitdauer	% des Durchschnittseinkommens	Entgeltpunkt/Monat	Entgeltpunkte
36 Monate	20	0,016	0,6
60 Monate	60	0,050	3

Zeitdauer	% des Durchschnittseinkommens	Entgeltpunkt/Monat	Entgeltpunkte
60 Monate	80	0,067	4
120 Monate	100	0,083	10
120 Monate	120	0,100	12
80 Monate	130	0,108	8,7
60 Monate	110	0,092	5,5
536 Monate			43,8

In 536 Monaten – also fast 45 Jahren wurden 43,8 Entgeltpunkte erarbeitet. Auch wenn die Einkünfte im Verlauf dieser Zeit unterschiedlich hoch waren, ist die Summe der Entgeltpunkte in etwa so hoch wie die Anzahl der Beschäftigungsjahre.

In der Rentenauskunft, die sie von der Rentenversicherung erhalten, können Sie genau sehen, mit wie vielen Entgeltpunkten die einzelnen Versicherungsmonate bewertet sind und wie viele Entgeltpunkte Sie insgesamt erworben haben.

3. Der Zugangsfaktor

Wenn Sie mit Erreichen der gesetzlichen Altersgrenze in Rente gehen, werden die Entgeltpunkte unverändert für die Rentenberechnung herangezogen. Wenn Sie früher in Rente gehen, werden Ihre Entgeltpunkte um einen **Zugangsfaktor** reduziert. Arbeiten Sie länger, werden die Entgeltpunkte um einen Zugangsfaktor angehoben.

Herr Müller und Frau Maier in den Beispielen in Kapitel 3 können ab 1. Mai 2023 eine Altersrente erhalten. Ihre Entgeltpunkte werden also unverändert der Rentenberechnung zugrunde gelegt, wenn sie tatsächlich ab 1. Mai 2023 eine Altersrente beziehen.

Der Zugangsfaktor ist in diesem Fall 1. Angenommen Sie haben 43,8 Entgeltpunkte, werden diese 43,8 Entgeltpunkte unverändert in die weitere Rentenberechnung einbezogen.

Wenn Sie früher in Rente gehen, wird für jeden Monat früher 0,003 vom Zugangsfaktor 1 abgezogen.

Wenn Sie später in Rente gehen, wird für jeden Monat später der Zugangsfaktor um 0,005 angehoben.

BEISPIEL

Angenommen Herr Müller geht nicht erst am 1. Mai 2023 in Rente sondern schon ein Jahr (12 Monate) früher am 1. Mai 2022.

Dann werden vom Zugangsfaktor 1 zwölf Mal 0,003 abgezogen (also 0,036).

Das ergibt einen Zugangsfaktor von 0,964.

Hiermit werden die 43,8 Entgeltpunkte multipliziert. Es verbleiben danach 42,2 Entgeltpunkte (43,8 x 0,964 = 42,2)

BEISPIEL

Frau Maier geht demgegenüber nicht schon am 1. Mai 2023 in Rente sondern erst am 1. Januar 2024, also 8 Monate später.

Der Zugangsfaktor erhöht sich um acht Mal 0,005 (also 0,04).

Das ergibt einen Zugangsfaktor von 1,04.

Hiermit werden die 43,8 Entgeltpunkte multipliziert. Dies ergibt dann 45,5 Entgeltpunkte.

Es gibt also viele Stellschrauben, die die Höhe einer Rente beeinflussen. Die Beispiele können Ihnen nur eine grobe Orientierung geben.

Mit Entgeltpunkten und Zugangsfaktor haben wir erst den ersten Faktor der Rentenformel beleuchtet. Die beiden weiteren Faktoren behandeln wir nur kurz.

4. Der Rentenartfaktor

Den Rentenartfaktor definiert § 67 Sozialgesetzbuch VI:

„Der Rentenartfaktor beträgt für persönliche Entgeltpunkte bei	
1. Renten wegen Alters	*1,0*
2. Renten wegen teilweiser Erwerbsminderung	*0,5*
3. Renten wegen voller Erwerbsminderung	*1,0*
4. Erziehungsrenten	*1,0*
5. kleinen Witwenrenten und kleinen Witwenrenten bis zum Ende des dritten Kalendermonats nach Ablauf des Monats, in dem der Ehegatte verstorben ist,	*1,0*
anschließend	*0,25*
6. großen Witwenrenten und großen Witwenrenten bis zum Ende des dritten Kalendermonats nach Ablauf des Monats, in dem der Ehegatte verstorben ist,	*1,0*
anschließend	*0,55*
7. Halbwaisenrenten	*0,1*
8. Vollwaisenrenten	*0,2"*

In unseren Beispielen wollen Herr Müller und Frau Maier eine Altersrente in Anspruch nehmen. Der Rentenartfaktor beträgt hier 1.

5. Der aktuelle Rentenwert

Schließlich ist für die Höhe der Rente der aktuelle Rentenwert maßgeblich. Dieser ist in § 68 Sozialgesetzbuch VI definiert. Der aktuelle Rentenwert drückt aus, wie viel ein Jahr durchschnittlicher Rentenversicherungsbeitrag an monatlicher Rente erbringt. Sowohl die Höhe wie auch die jährliche Veränderung sind immer wieder Gegenstand von politischen Diskussionen und Gesetzgebung.

Derzeit wird die jährliche Veränderung bestimmt von mehreren Entwicklungen:

- Entwicklung von Löhnen und Gehältern
- Entwicklung des Beitragssatzes in der Rentenversicherung
- Entwicklung der Zahl der Rentnerinnen und Rentner

Diese Aspekte werden in einer sehr komplizierten Formel miteinander verknüpft. Dabei haben die einzelnen Aspekte eine unterschiedliche Wirkung:

- Die Rentner sollen an der allgemeinen Lohnentwicklung teilhaben. Dies wirkt rentensteigernd.
- Der Beitragssatz zur Rentenversicherung soll bis zum Jahr 2030 22 % nicht übersteigen (je 11 % für Arbeitgeber und Arbeitnehmer). Dies wirkt rentendämpfend.
- Die Zahl der Rentnerinnen und Rentner wird vereinfacht ausgedrückt ins Verhältnis zur Zahl der Beitragszahler gesetzt. Dies wirkt rentendämpfend.

Der aktuelle Rentenwert ist in Ost- und Westdeutschland unterschiedlich hoch. Ab 1. Juli 2024 soll er einheitlich sein.

Vom 1. Juli 2020 bis 30. Juni 2021 beträgt er

- 34,19 € in den alten Bundesländern
- 33,23 € in den neuen Bundesländern und Berlin-Ost.

Wir haben angenommen, dass Herr Müller 43,8 Entgeltpunkte erreichen wird. Da er vorzeitig in Rente geht, beträgt sein Rentenzugangsfaktor nur 0,964. Dadurch verringern sich die anzurechnenden Entgeltpunkte auf 42,2. Da wir den Rentenwert des Jahres 2022 noch nicht kennen, nehmen wir hier den Rentenwert ab 1. Juli 2020. Herr Müller hat seine Rentenzeiten im Ruhrgebiet erworben.

42,2 Entgeltpunkte x Rentenartfaktor 1 x 34,19 Rentenwert West = 1.234,28

Herr Müller kann eine monatliche Rente von 1.234,28 € erwarten.

BEISPIEL:

Wir haben angenommen, dass Frau Maier 43,8 Entgeltpunkte erreichen wird. Da sie erst zum 1. Januar 2024 in Rente gehen wird, beträgt ihr Rentenzugangsfaktor 1,04. Dadurch erhöhen sich die anzurechnenden Entgeltpunkte auf 45,5. Da wir den Rentenwert des Jahres 2024 noch nicht kennen, nehmen wir hier den Rentenwert ab 1. Juli 2020. Frau Maier hat ihre Beitragszeiten in Thüringen erworben.

45,5 Entgeltpunkte x Rentenartfaktor 1 x 33,23 Rentenwert Ost = 1.511,96

Frau Maier kann eine monatliche Rente von 1.511,96 € erwarten.

6. Höherbewertung von Entgeltpunkten für die Grundrente

Bei der Grundrente geht es ja darum, dass Menschen, die viele Jahre Rentenversicherungsbeiträge gezahlt haben, schließlich eine Rente bekommen, von der sie leben können, ohne auf Grundsicherung angewiesen zu sein. Die Grundrente kann aber nicht in allen Fällen dazu führen, **Grundsicherung zu vermeiden** – mehr dazu in Kapitel 9. Die Grundrente ist auch **keine allgemeine Anhebung der Rente.**

Es sollen Menschen belohnt werden, die mindestens 33 Beitragsjahre (Grundrentenzeiten) zurückgelegt haben, aber in diesen Jahren relativ wenig verdient haben. Ein gewisses Minimum muss aber eben doch verdient worden sein, nämlich 30 % des Durchschnittsverdienstes – siehe dazu Kapitel 4. Dies sind die Grundrentenbewertungszeiten.

Da lediglich die Inanspruchnahme von Grundsicherung vermieden werden soll, wird die Grundrente letztendlich gedeckelt.

Auf Grundrentenbewertungszeiten erfolgt ein Zuschlag an Entgeltpunkten nach einem relativ komplizierten Verfahren:

1. Rechenschritt

Zuschläge erfolgen nur auf Monate mit mindestens 0,025 Entgeltpunkten. Das entspricht 0,3 Entgeltpunkten im Jahr.

Die Entgeltpunkte aller Grundrentenbewertungszeiten werden addiert und durch die Anzahl der Monate mit Grundrentenbewertungszeiten geteilt. Dadurch wird der **Durchschnittswert an Entgeltpunkten in Grundrentenbewertungszeiten** ermittelt.

BEISPIEL:

Zeitraum	Entgeltpunkte/Monat	Grundrentenbewertungszeit	Summe
48 Monate	0,020	--	(0,96)
120 Monate	0,030	120 Monate	3,6
120 Monate	0,060	120 Monate	7,2
120 Monate	0,070	120 Monate	8,4
120 Monate	0,090	120 Monate	10,8
528 Monate		**480 Monate**	**30,0**
	Durchschnitt		**0,0625**

Hier liegen 528 Monate also 44 Jahre an Grundrentenzeiten vor. Die Mindestzahl von 33 Jahren ist erreicht, sogar deutlich überschritten.

Allerdings sind nur 480 Monate auch Grundrentenbewertungsmonate, weil nur in diesen Monaten jeweils mindestens 0,025 Entgeltpunkte erzielt wurden. Insgesamt wurden 30 Entgeltpunkte in 480 Grundrentenbewertungsmonaten erzielt. Je Grundrentenbewertungsmonat wurden somit durchschnittlich 0,0625 Entgeltpunkte erzielt.

In diesem Beispiel wurden insgesamt 30,96 Entgeltpunkte erworben. Aber nur 30 Entgeltpunkte spielen für die weitere Berechnung einer Grundrente eine Rolle.

Wie Sie im vorherigen Abschnitt gesehen haben, werden die 30,96 Entgeltpunkte mit dem Rentenwert multipliziert, um zunächst die originäre Rente ohne Grundrentenzuschlag zu berechnen.

In Westdeutschland sind dies 30,96 x 34,19 € = 1.058,52 € monatliche Rente.

In Ostdeutschland sind dies 30,96 x 33,23 € = 1.028,80 € monatliche Rente.

2. Rechenschritt

Das Doppelte des im vorigen Rechenschritt ermittelten Durchschnittswertes wird **mit einem Höchstwert** verglichen. Dabei gibt es verschiedene Konstellationen.

Liegt der doppelte Durchschnittswert unter dem Höchstwert, gehen die durchschnittlichen Entgeltpunkte in die weitere Berechnung ein.

Liegt der doppelte Durchschnittswert über dem Höchstwert, bildet der Höchstwert den Deckel für die Höherbewertung. Nur die Differenz zwischen Durchschnitt und Deckel geht in die weitere Berechnung des Zuschlages ein.

Das heißt aber auch, dass Sie dann keinen Anspruch auf Grundrente haben, wenn der Durchschnitt an Entgeltpunkten bereits den Deckel erreicht.

Der maßgebliche Höchstwert beträgt 0,0667 Entgeltpunkte, wenn mindestens 35 Grundrentenjahre erreicht worden sind.

Wurden nur 33 Grundrentenjahre erreicht, beträgt der Höchstwert nur 0,0334 Entgeltpunkte.

Zwischen 33 und 35 Jahren wird der Höchstwert Monat für Monat um 0,001389 Entgeltpunkte angehoben. Das bedeutet bei 33 Jahren und zehn Monaten Grundrentenzeit: 0,0334 + (10 x 0,001389) = 0.0334 + 0,01389 = 0,0523 Höchstwert.

BEISPIEL:

In unserem Beispiel beträgt der Durchschnitt an Entgeltpunkten 0,0625 bei über 35 Grundrentenjahren. Der maßgebliche Höchstwert ist hier 0,0667. Für die weitere Berechnung des Zuschlages ist die Differenz maßgebend:

0,0667 – 0,0625 = 0,0042

Bei mindestens 35 Grundrentenjahren beträgt der Höchstwert 0,0667 durchschnittliche Entgeltpunkte in der Grundrentenbewertungszeit. Durchschnittspunkte bis zur Hälfte dieses Wertes – also bis 0,0334 werden vollständig in die weitere Berechnung einbezogen. Durchschnittswerte zwischen 0,0334 und 0,0667 werden nur teilweise in die weitere Berechnung einbezogen.

! *Merke:* Bei monatlich durchschnittlich 0,0667 Entgeltpunkten haben Sie keinen Anspruch auf Grundrechte.

3. Rechenschritt

Aus dem vorhergehenden Rechenschritt ergibt sich ein bestimmter Wert, der der Berechnung des konkreten Zuschlags auf die persönlichen Entgeltpunkte zugrunde gelegt wird.

Bei mindestens 35 Grundrentenjahren wird ein Durchschnittswert von bis zu 0,0334 Entgeltpunkten in der Grundrentenbewertungszeit vollständig herangezogen.

Ein höherer Durchschnittswert wird durch den Höchstwert von 0,0667 begrenzt.

BEISPIEL:

In unserem Beispiel ist dies der Differenzwert von 0,0042.

Der für Sie maßgebliche Betrag ergibt sich also aus ganz vielen Faktoren Ihres persönlichen Versicherungsverlaufes. Einfache und schnelle Antworten sind hier leider nicht möglich.

In diesem dritten Rechenschritt wird der bis hierher ermittelte Wert mit 0,875 multipliziert. Dies bedeutet faktisch eine Abwertung des bis hierher erreichten Wertes um 12,5 %.

Wenn Ihr persönlicher Wert 0,03 wäre, würde dies zu einer Abwertung auf 0,02625 führen.

BEISPIEL:

In unserem Beispiel werden die 0,0042 zu 0,003675.

Der so ermittelte Wert wird mit der Zahl der Monate mit Grundrentenbewertungszeiten multipliziert. Aber auch hier gibt es eine Grenze zu beachten. Die Höchstzahl an Monaten beträgt nach dem Gesetz 420.

BEISPIEL:

In unserem Beispiel liegen 480 Monate Grundrentenbewertungszeiten vor. Zu berücksichtigen sind aber nur 420 Monate: 0,003675 x 420 = 1,54.

BEISPIEL:

Auf die selbst durch Beitragszeiten erworbenen 30,96 Entgeltpunkte gibt es einen Zuschlag von 1,54 Entgeltpunkten. Der Rentenberechnung werden also 32,5 Entgeltpunkte zugrunde gelegt.

BEISPIEL:

In Westdeutschland führt dies zu einer Monatsrente von 32,5 x 34,19 € = 1.111,17 € anstatt 1.058,52 €.

BEISPIEL:

In Ostdeutschland führt dies zu einer Monatsrente von 32,5 x 33,23 € = 1.079,97 € anstatt 1.028,80 €.

BEISPIEL:

Die Grundrente führt in unserem Beispiel also zu einer monatlichen Rentensteigerung um 52,65 € beziehungsweise 51.17 €.

Dies erscheint nicht viel zu sein. Andererseits entspricht der Zuschlag von 1,54 Entgeltpunkten etwa der Beitragsleistung für 1,5 Jahre mit durchschnittlichem Verdienst.

Wenn Sie sowohl in Ost- wie auch in Westdeutschland Grundrentenbewertungszeiten erworben haben, wird der Zuschlag entsprechend aufgeteilt.

Die Schritte zur Ermittlung der Grundrente

1. Haben Sie mindestens 33 Jahre = 396 Monate Grundrentenzeit?
2. Welche Monate sind auch Grundrentenbewertungszeit, das heißt, mit mehr als 0,025 Entgeltpunkten?
3. Wie hoch ist der Durchschnitt an Entgeltpunkten in den Monaten der Grundrentenbewertungszeit?
4. Liegt der Durchschnitt an Entgeltpunkten in den Monaten der Grundrentenbewertungszeit über 0,0667, haben Sie keinen Anspruch auf Grundrente.
5. Bei nur 396 Monaten Grundrentenzeit liegt diese Grenze bereits bei 0,0334 Entgeltpunkten.
6. Zwischen 396 und 420 Monaten Grundrentenzeit steigt die Grenze um monatlich 0,001389 Entgeltpunkte.
7. Liegt das Doppelte des Durchschnitts an Entgeltpunkten in den Monaten der Grundrentenbewertungszeit unter dem jeweiligen Höchstbetrag, ist der Durchschnittsbetrag Grundlage der weiteren Berechnung.
8. Liegt das Doppelte des Durchschnitts an Entgeltpunkten in den Monaten der Grundentenbewertungszeit über dem jeweiligen Höchstbetrag, wird die Differenz zwischen dem Durchschnitt und dem Höchstbetrag zur Grundlage der weiteren Berechnung.
9. Der sich aus 7. oder 8. ergebende Wert wird mit 0,875 multipliziert.
10. Der sich hieraus ergebende Wert wird mit der Zahl der Monate an Grundrentenbewertungszeiten (oben 2.) höchstens aber 420 multipliziert.
11. Das Ergebnis wird den selbst erworbenen Entgeltpunkten im Versicherungsverlauf hinzuaddiert.

Kapitel 6: Wie wird Einkommen auf die Grundrente angerechnet?

1. Was ist die Einkommensgrenze?

Sie erhalten keine oder nur eine gekürzte Grundrente, wenn Sie zu viel Einkommen haben.

Vermögen wird jedoch nicht angerechnet. Wenn Sie also ein Aktienpaket haben, wird dessen Wert nicht auf die Grundrente angerechnet. Das ist der große Unterschied zwischen Grundrente und Grundsicherung. Wenn Sie ein Aktienpalet haben, werden Sie aber regelmäßig eine Dividende erhalten. Diese Dividende wird als Einkommen angerechnet. Gleiches gilt beispielsweise für Mieteinkünfte.

Ihr normaler Rentenanspruch bleibt unabhängig von sonstigem Einkommen erhalten. Nur der **Zuschlag**, der sich aus der Berechnung im vorhergehenden Kapitel 5 ergibt, ist **von Ihrem Einkommen abhängig**. Dabei geht es nicht nur um Ihr Einkommen, sondern auch um das Einkommen Ihres Ehegatten oder Ihrer Ehegattin beziehungsweise Ihres eingetragenen Lebenspartners oder Ihrer eingetragenen Lebenspartnerin.

Die Vorschriften zur Einkommensanrechnung sind sehr umfangreich und kompliziert. Sie finden sich in 97a Sozialgesetzbuch VI (gesetzliche Rentenversicherung).

Angerechnet wird Einkommen, das eine bestimmte **Einkommensgrenze** übersteigt. Diese Einkommensgrenze verändert sich jährlich.

HINWEIS

Die Einkommensgrenze beträgt für **Alleinstehende** das 36,56fache des aktuellen Rentenwertes. Dieser beträgt seit 1. Juli 2020 34,19 Punkte. 36,56 x 34,19 ergeben einen Betrag von 1.249,99 €. Dieser wird auf volle Euro aufgerundet, sodass die Einkommensgrenze letztendlich **1.250,00 €** beträgt.

Sie haben in Kapitel 5 lesen können, dass es bis zum 30. Juni 2024 in den Bundesländern Brandenburg, Mecklenburg-Vorpommern, Sachsen, Sachsen-Anhalt, Thüringen und in Ost-Berlin einen niedrigeren allgemeinen Rentenwert gibt. Für die Berechnung der Einkommensgrenze wird jedoch **bundeseinheitlich der höhere Wert** genommen.

Der allgemeine Rentenwert wird üblicherweise zum 1. Juli eines jeden Jahres verändert. Dann verändert sich auch die Einkommensgrenze.

HINWEIS

Für **Verheiratete oder in eingetragener Lebenspartnerschaft** lebende Menschen beträgt die Einkommensgrenze das 57,03fache des allgemeinen Rentenwertes. 57,03 x 34,19 ergeben 1.949,86, aufgerundet **1.950,00 Euro**.

Wenn Ihr Einkommen unter der Einkommensgrenze liegt, wird die Grundrente nicht gekürzt. Liegt Ihr Einkommen über der Einkommensgrenze, wird die Grundrente gekürzt.

2. Kürzung der Grundrente über der Einkommensgrenze

Von dem Einkommen, das über der Einkommensgrenze liegt, werden 60 % auf die Grundrente angerechnet.

BEISPIEL:

Angenommen, Sie sind alleinstehend und Ihr Einkommen beträgt monatlich 1.400 €. Dann liegt dieses um 150,00 € über der Einkommensgrenze von 1.250,00 €. 60 % aus 150,00 € sind 90,00 €. Ihre Grundrente würde um 90,00 € gekürzt. In unserem Beispiel in Kapitel 5 würde dies dazu führen, dass Sie überhaupt keine Grundrente erhalten.

Sie sehen an diesem Beispiel, dass vorhandenes Einkommen über der Einkommensgrenze oft dazu führen wird, dass kein Anspruch auf Grundrente besteht.

Es gibt auch noch eine **weitere Einkommensgrenze**. Das Einkommen, das darüber liegt, wird vollständig auf die Grundrente angerechnet.

Diese weitere Einkommensgrenze beträgt für **Alleinstehende** das 46,78fache des aktuellen Rentenwertes, also 46,78 x 34,19. Das sind 1.599,41 €, aufgerundet **1600,00 €**. Einkommen, das über dieser Grenze liegt, wird vollständig angerechnet.

BEISPIEL:

Angenommen, Sie haben als Alleinstehender ein monatliches Einkommen von 1.800,00 €, dann sieht die Rechnung wie folgt aus:

Einkommensbereich	Anrechnung	Ergebnis
Bis 1.250,00	Keine	0,00
1.250,00 bis 1.600,00	60 % aus 350,00	210,00
1.600,00 bis 1.800,00	100 % aus 200,00	200,00
		410,00

Es würden also 410,00 € auf die Grundrente angerechnet.

Für **Ehegatten beziehungsweise eingetragene Lebenspartner und Lebenspartnerinnen** beträgt diese weitere Einkommensgrenze das 67,27fache des allgemeinen Rentenwertes, also 67,27 x 34,19. Das sind 2.299,96 €, aufgerundet **2.300,00 €**.

BEISPIEL:

Angenommen, Sie haben als Ehepaar ein monatliches Einkommen von 2.400,00 €, dann sieht die Rechnung wie folgt aus:

Einkommensbereich	Anrechnung	Ergebnis
Bis 1.950,00	Keine	0,00
1.950,00 bis 2.300,00	60 % aus 350,00	210,00
2.300,00 bis 2.400,00	100 % aus 100,00	100,00
		310,00

Es würden also 310,00 € auf die Grundrente angerechnet.

3. Welches Einkommen wird angerechnet?

Damit Sie möglichst keine Nachweise beibringen müssen, wird nicht das aktuelle Einkommen herangezogen, sondern das Einkommen des **vorvergangenen Kalenderjahres**. Für die Berechnung der Grundrente für das Jahr 2021 wird also das Einkommen aus 2019 berücksichtigt.

Das liegt daran, dass für das vorvergangene Kalenderjahr meistens schon die Daten beim Finanzamt vorliegen. Die Rentenversicherung ruft Ihre Daten automatisch bei der Finanzverwaltung ab. Liegen die Daten noch nicht vor, wird auf ein früheres Jahr zurückgegriffen.

Auf die Grundrente wird als Einkommen angerechnet

- das zu versteuernde Einkommen im Sinne des Einkommensteuerrechts
- der steuerfreie Anteil von Renen und Versorgungsbezügen
- die bereits pauschal versteuerten Einkünfte aus Kapitalvermögen (Quellenbesteuerung) und Kapitallebensversicherungen

VORSICHT

Der Gesetzgeber hat nicht ausreichend bedacht, dass die eigentlich gut gemeinte Regelung auch Nachteile haben kann. Wenn Sie im Jahre 2021 in Rente gehen, wird auf Ihr Einkommen des Jahres 2019 zurückgegriffen. Da Sie 2019 noch gearbeitet haben, haben Sie 2019 vielleicht noch ein Arbeitseinkommen erzielt, das über der Einkommensgrenze liegt. Würde stattdessen auf das aktuelle Einkommen in 2021 zurückgegriffen, läge Ihr Einkommen vielleicht unter der Einkommensgrenze. Sollte dies bei Ihnen zutreffen, lassen Sie sich beraten. Es gab Überlegungen, das Gesetz noch für solche Fälle anzupassen. Bei Redaktionsschluss war diese Frage aber noch nicht abschließend geklärt.

a) Zu versteuerndes Einkommen

Zum **zu versteuernden Einkommen** gehören jedwede Einkünfte, wie Renten, Arbeitseinkommen, Einkünfte aus freiberuflicher, künstlerischer oder gewerblicher Tätigkeit, Zinseinnahmen, Mieten, Pachten, sonstige Einkünfte. Auch wenn Sie Zeitungen austragen, erzielen Sie steuerpflichtige Einkünfte. Wenn dies allerdings in einem **Minijob** (geringfügige Beschäftigung) stattfindet, wird diese Tätigkeit vom Arbeitgeber pauschal versteuert und nicht vom Finanzamt erfasst. Deshalb werden diese Einkünfte auch nicht als Einkommen bei der Grundrente berücksichtigt. Wenn Sie einen Angehörigen pflegen und dieser Ihnen deshalb einen Teil des **Pflegegeldes** gibt, handelt es sich bei dieser Einnahme nicht um ein steuerpflichtiges Entgelt. Nur wenn Sie berufsmäßig pflegen, müssen Sie entsprechende Einnahmen versteuern. Auch **Geldgeschenke** zählen nicht zu den steuerpflichtigen Einkünften. Wenn Sie Ihren Haushalt verkleinern und zum Beispiel **alte Möbel** oder Kleidung verkaufen, sind die Einnahmen keine steuerpflichtigen Einkünfte. Wenn Sie dagegen einen regelmäßigen **Handel mit Gebrauchtwaren** führen, müssen Sie die Einkünfte versteuern.

Sozialleistungen, die Sie steuerfrei erhalten haben wie Grundsicherung, Pflegegeld, Wohngeld gehören nicht zum anzurechnenden Einkommen.

Als Einkommen zählt der Betrag, den das Finanzamt im vorvergangenen Kalenderjahr der Besteuerung zugrunde gelegt hat. Das ist der Betrag der Einkünfte abzüglich Werbungskosten, Sonderausgaben, Kinderfreibeträgen usw. Diesen Betrag finden Sie in Ihrem Einkommensteuerbescheid. Vergleichen Sie ihn mit dem Betrag, den die Rentenversicherung für ihre Berechnung benutzt hat.

b) Renten und Versorgungsbezüge

Auch Renten und Versorgungsbezüge werden als Einkommen angerechnet. Ein Teil dieser Leistungen muss versteuert werden. Seine Höhe richtet sich nach dem Jahr, in dem die Rente begonnen hat. Dieser Anteil ist bereits beim zu versteuernden Einkommen berücksichtigt. Der restliche Teilbetrag dieser Leistungen muss jedoch nicht versteuert werden. Aber auch dieser steuerfreie Teilbetrag zählt als Einkommen bei der Berechnung der Grundrente.

Künftig kann es sein, dass in der Rente auch ein Anteil aus dem Grundrentenzuschlag enthalten ist. Dieser Anteil wird nicht als Einkommen berücksichtigt. Andernfalls könnte der Bezug einer Grundrente in früheren Jahren zu einer Kürzung der Grundrente im laufenden Jahr führen.

VEREINFACHTES BEISPIEL:

Die monatliche Rente eines im Jahre 2021 in Rente gegangenen Mannes beträgt 1.200,00 €.

Hiervon beruhen 1.000,00 € auf den selbst erworbenen Entgeltpunkten. Die weiteren 200,00 € sind der Zuschlag für langjährige Versicherung (Grundrente).

Da der Rentenbeginn im Jahre 2021 liegt, müssen 81 % versteuert werden. Das sind 972,00 €. 228,00 € sind also steuerfrei.

Aus beiden Beträgen muss der Grundrentenanteil herausgerechnet werden. Das ist 1/6 (200,00 zu 1.200,00). Das sind 162,00 € und 38,00 €.

Es wird Sie nicht verwundern, dass die Summe wie zu erwarten 200,00 € ergibt. Die umständliche Rechnung ergibt sich daraus, dass Renten einen steuerpflichtigen und einen nicht steuerpflichtigen Anteil enthalten. Sie ist vielfach noch komplizierter, wenn steuerliche Besonderheiten hinzukommen. Diese Aufteilung ist gleichzeitig auch eine Fehlerquelle. Achten sie also darauf, dass die Grundrente selbst nicht als Einkommen angerechnet wird.

c) Einkünfte aus Kapitalvermögen, Zinsen

Zinseinkünfte können bereits beim zu versteuernden Einkommen erfasst sein. Dann dürfen sie nicht ein zweites Mal herangezogen werden. Wenn Sie aber von der Möglichkeit Gebrauch gemacht haben, dass die Bank die sogenannte **Quellensteuer** an das Finanzamt zahlt, dann tauchen diese Zinseinkünfte nicht in Ihrer Steuererklärung und damit auch nicht im Steuerbescheid auf. Deshalb müssen solche Kapitaleinkünfte gesondert erfasst werden.

Gesondert erfasst werden auch die **Auszahlungen aus einer Kapitallebensversicherung**, wenn Sie statt der monatlichen Auszahlung eine Einmalzahlung wählen. Angerechnet wird nicht die gesamte Auszahlung, sondern nur der Ertrag, den Sie mit der Versicherung erwirtschaftet haben. Das ist die Auszahlung abzüglich der von Ihnen entrichteten Beiträge. Auch dieser Ertrag wird nicht auf einmal als Einkommen angerechnet, sondern zehn Jahre lang zu jeweils 10 %.

Die Rentenversicherung erhält die Daten zum zu versteuernden Einkommen und den Renten und Versorgungsbezügen mittels EDV von der Finanzverwaltung. Die darüber hinaus maßgeblichen Informationen zu Zinsen und Kapitaleinkünften müssen Sie selbst der Rentenversicherung geben, wenn Sie

Grundrente erhalten wollen. Wenn Sie keine Grundrente möchten, müssen Sie keine Auskünfte geben.

Die Rentenversicherung prüft automatisch ohne Antrag, ob nach Ihrem persönlichen Rentenverlauf überhaupt eine Grundrente in Betracht kommt. Wenn dies der Fall ist, prüft sie durch automatischen Datenabgleich mit der Finanzverwaltung, ob nach Ihrem dort bekannten zu versteuernden Einkommen und den steuerfreien Rentenanteilen weiterhin eine Grundrente in Betracht kommt oder vielleicht dieses Einkommen schon so hoch ist, dass Sie keine Grundrente erhalten können.

Wenn auch nach Prüfung der anderen Einkommen Anspruch auf Grundrente besteht, bewilligt die Rentenversicherung Ihnen die Grundrente und zahlt sie auch aus. Sie müssen allerdings innerhalb von drei Monaten erklären, ob und welche Kapitalerträge Sie in dem maßgeblichen (vorvergangenen) Kalenderjahr hatten.

Wenn Sie **Kapitalerträge melden**, wird die Grundrente neu berechnet und Sie erhalten einen neuen Bescheid. Eventuell zu viel gezahlte Grundrente müssen Sie in diesem Fall nicht zurückzahlen. Die Änderung des Bescheides erfolgt nur für die Zukunft.

Wenn Sie mitteilen, dass Sie **keine Kapitalerträge** hatten, wird der Grundrentenbescheid nicht geändert. Wenn Sie sich gar nicht äußern, geht die Rentenversicherung davon aus, dass Sie keine Kapitalerträge hatten. Die Grundrente wird also weitergezahlt.

! Sie müssen aber wissen, dass die Rentenversicherung **stichprobenhaft beim Bundeszentralamt für Steuern und bei Banken nachfragt**, ob die Bezieher von Grundrente und deren Ehegatten oder Lebenspartner Zinsen oder andere Kapitalerträge erwirtschaftet haben. Wenn sich dann herausstellt, dass Sie **falsche Angaben** gemacht haben, wird die Grundrente auch für die Vergangenheit neu berechnet und Sie müssen zu viel gezahlte Beträge **zurückzahlen**. Der Rückzahlungsbetrag muss mit **mehr als 5 % verzinst** werden. Es entstehen also erhebliche zusätzliche Kosten. Als falsche Angabe gilt auch, wenn Sie Kapitalerträge hatten und sich bei der Rentenversicherung gar nicht gemeldet haben, nachdem eine Grundrente bewilligt wurde.

d) Wie geht die Rentenversicherung vor?

Wie bereits in Kapitel 2 ausgeführt müssen Sie Grundrente nicht beantragen. Die Rentenversicherung prüft anhand Ihres Versicherungsverlaufs, ob Sie einen Anspruch auf zusätzliche Entgeltpunkte für langjährige Versicherung haben. Wenn dies der Fall ist, berechnet sie diesen Zuschlag und die entsprechende Grundrente. Dann prüft sie von sich aus **ohne Antrag** Ihre Einkommensverhältnisse.

Die Rentenversicherung fragt bei der **Finanzverwaltung per EDV** ab, wie hoch im vorvergangenen Kalenderjahr Ihr zu versteuerndes Einkommen war und welche steuerfreien Renten und Versorgungsbezüge Sie erhalten haben.

Liegen dort für das **vorvergangene Kalenderjahr** (2019 für Berechnung in 2021) noch keine Daten vor, werden die Daten für das vorvorvergangene Kalenderjahr (2018 für Berechnung in 2021) herangezogen. Soweit die Daten bei der Finanzverwaltung erhoben werden können, handelt es sich um Zahlen jeweils für ein Kalenderjahr. Für die Rentenberechnung werden jedoch **Monatszahlen** benötigt. Deshalb werden die Jahreszahlen gleichmäßig auf zwölf Monate aufgeteilt. Ein zu versteuerndes Jahreseinkommen von 15.000,00 € entspricht also einem zu versteuernden Monatseinkommen von 1.250,00 €.

Für die Berechnung der Grundrente sind die **Feststellungen des Finanzamtes maßgeblich**. Das gilt auch dann, wenn der Steuerbescheid nur vorläufig ergangen ist und auch dann, wenn gegen ihn Einspruch erhoben worden ist. So sieht es jedenfalls das Gesetz vor, um das Verfahren für die Rentenversicherung möglichst einfach zu gestalten.

! Es bestehen berechtigte Zweifel, ob diese Regelung einer verfassungsgerichtlichen Überprüfung standhalten kann. Wenn Sie der Meinung sind, dass das Finanzamt Ihr zu versteuerndes Einkommen zu hoch festgesetzt hat und die Festsetzung noch nicht rechtskräftig ist, sollten Sie sich informieren, ob für Sie günstige Rechtsänderungen bei der Grundrente eingetreten sind.

Liegen bei der Finanzverwaltung auch für das vorvorvergangene Kalenderjahr keine Daten vor, legt die Rentenversicherung ihrer Berechnung die **aktuelle Rente** zugrunde. Der Anrechnungsbetrag wird jeweils pauschal gekürzt:

- Renten aus berufsständischen Versorgungswerken – Kürzung um 29,6 %
- Renten aus einer privaten Lebens- oder Rentenversicherung – Kürzung um 12,7 %
- Renten aus der gesetzlichen Rentenversicherung – Kürzung um 14 %
- Versorgungsbezüge aus einer Beamten- oder beamtenähnlichen Versorgung – Kürzung um 25 %
- Renten aus Direktzusagen eines Arbeitgebers sowie aus einer entsprechenden Versorgungsausgleichskasse – Kürzung um 23 %.

Wenn Ihnen nach den Berechnungen und Ermittlungen der Rentenversicherung Grundrente zusteht, erhalten sie einen entsprechenden Bescheid und auch die Grundrente ausgezahlt. In diesem Bescheid werden Sie aufgefordert, Auskunft zu geben über Ihre Kapitalerträge. Dazu und zu den Folgen falscher Auskünfte können Sie sich im vorhergehenden Abschnitt informieren.

Wenn es bei der Bewilligung einer Grundrente bleibt, prüft die Rentenversicherung stichprobenweise beim Bundeszentralamt für Steuern und bei Banken und Geldinstituten, ob Sie Kapitalerträge verschwiegen haben.

Wenn Sie Ihren **Wohnsitz im Ausland** haben, müssen Sie Ihre gesamten Einnahmen selbst der Rentenversicherung gegenüber nachweisen. Tun Sie dies nicht, erhalten Sie keine Grundrente.

Die Schritte zur Einkommensanrechnung:

1. Die Rentenversicherung prüft von sich aus, ob überhaupt Grundrente in Betracht kommt und wie hoch diese ist.
2. Wenn Grundrente in Betracht kommt, fordert sie von der Finanzverwaltung die Einkommensfestsetzung des vorvergangenen Kalenderjahres an.
3. Wenn es keine Einkommensfestsetzung für das vorvergangene Kalenderjahr gibt, gilt die Einkommensfestsetzung des vorvorvergangenen Kalenderjahres.
4. Wenn es keine Einkommensfestsetzung für das vorvorvergangene Kalenderjahr gibt, werden die aktuellen Renten und Versorgungsbezüge als Einkommen berücksichtigt.
5. Liegt das Einkommen unter der Einkommensgrenze, wird die Grundrente nicht gekürzt.
6. Liegt das Einkommen über der Einkommensgrenze, wird die Grundrente gekürzt.
7. Entfällt die Grundrente wegen des anzurechnenden Einkommens, wird nur die normale Rente ohne Zuschlag für langjährige Versicherung (Grundrente) bewilligt.
8. Bleibt auch nach der Einkommensanrechnung ein Anspruch an Grundrente, wird die normale Rente einschließlich Grundrente bewilligt.
9. Der Grundrentenberechtigte wird aufgefordert, seine Einkünfte aus Zinsen und Kapitalerträgen anzugeben.
10. Je nach Angaben des Grundrentenberechtigten wird die Grundrente für die Zukunft neu berechnet.
11. Die Rentenversicherung prüft stichprobenhaft die Einkünfte aus Zinsen und Kapitalerträgen.
12. Stellt sie falsche oder unvollständige Angaben fest, berechnet sie die Grundrente neu – auch für die Vergangenheit.
13. Aufgrund falscher oder unvollständiger Angaben zu viel gezahlte Grundrente wird zurückgefordert – mit Zinsen von mehr als 5 %.

Kapitel 7: Muss ich Beiträge auf die Grundrente zahlen?

Grundsätzlich entfallen auf Renten sowohl Steuern wie auch Sozialversicherungsbeiträge. Im Folgenden werden nur Renten und Grundrenten aus der gesetzlichen Rentenversicherung betrachtet. Es können weitere Beiträge und Steuern hinzukommen, wenn Sie weitere Einnahmen haben – zum Beispiel aus einer Betriebsrente oder Mieteinnahmen.

1. Krankenversicherung

Wenn für Sie ein Anspruch auf Grundrente in Betracht kommt, gehen wir im Weiteren davon aus, dass Sie während Ihres Berufslebens überwiegend in der Gesetzlichen Krankenversicherung versichert waren. Dabei macht es keinen Unterschied, ob Sie freiwillig oder pflichtversichert waren. Dann sind Sie in der **Krankenversicherung der Rentner** versichert. Der Name bezeichnet nur Ihren Versichertenstatus. Sie bleiben bei der Krankenkasse, bei der Sie vor Rentenbeginn versichert waren (AOK, BEK, IKK, DAK, TKK usw.).

Auf die Rente müssen Sie den **gesetzlichen Beitragssatz** von 14,6 % und wahrscheinlich auch noch einen Zusatzbeitrag zahlen. Dieser **Zusatzbeitrag** richtet sich nach der Krankenkasse, der Sie angehören. Er beträgt derzeit durchschnittlich 1,1 %. Insgesamt sind das dann 15,7 %.

Die Hälfte dieses Beitrages, also 7,85 % müssen Sie aus Ihrer Rente bezahlen. Die andere Hälfte übernimmt die Rentenversicherung. Ihr Beitragsanteil wird direkt von der Rente abgezogen.

BEISPIEL:

Wenn Sie also 1.000,00 € Rente erhalten, werden 78,50 € für die Krankenkasse abgezogen. Sie erhalten dann 921,50 € ausbezahlt.

Dieser Krankenkassenbeitrag ist **auch auf die Grundrente** zu zahlen.

2. Pflegeversicherung

Wenn Sie in der gesetzlichen Krankenversicherung sind, sind Sie auch in der gesetzlichen (sozialen) **Pflegeversicherung** versichert. Hier beträgt der Beitragssatz 3,05 %. Wenn Sie keine Kinder haben, beträgt der Beitragssatz 3,3 %.

Diesen Beitrag müssen Sie allein aufbringen. Die Rentenversicherung beteiligt sich an diesem Beitrag nicht. Auch dieser Beitrag wir direkt von Ihrer Rente abgezogen.

BEISPIEL:

Wenn Sie also 1.000,00 € Rente erhalten, werden 30,50 € oder 33,00 € (Kinderlose) für die Pflegeversicherung abgezogen. Es bleiben also nicht mehr 921,50 €, sondern nur noch 891,00 € oder 888,50 €.

Dieser Pflegeversicherungsbeitrag ist **auch auf die Grundrente** zu zahlen.

3. Steuern

Auch auf Renten muss Einkommensteuer gezahlt werden. Allerdings unterliegt nicht die gesamte Rente der Steuer sondern nur ein Anteil. Wie hoch dieser ist, richtet sich nach dem Jahr, in dem Sie in Rente gehen. Wenn Sie 2021 in Rente gehen, müssen 81 % der Rente versteuert werden. Wenn Sie bereits Rentner sind, ist der Anteil geringer. Gehen Sie erst nach 2021 in Rente, ist dieser Anteil höher. Einen Überblick über den Zeitraum des Rentenbeginns zwischen 2010 und 2025 gibt folgende Tabelle:

Jahr des Rentenbeginns	Steuerpflichtiger Anteil der Rente in %	Steuerfrei in %
2010	60	40
2011	62	38
2012	64	36
2013	66	34
2014	68	32
2015	70	30
2016	72	28
2017	74	26
2018	76	24
2019	78	22
2020	80	20
2021	81	19
2022	82	18

Jahr des Rentenbeginns	Steuer-pflichtiger Anteil der Rente in %	Steuerfrei in %
2023	83	17
2024	84	16
2025	85	15

BEISPIEL:

Wenn Sie 2021 in Rente gehen und eine monatliche Rente von 1.000,00 € haben, sind 81 % also 810,00 € zu versteuern. Für das ganze Jahr sind das 9.720,00 €.

Auf eine so geringe Rente werden Sie wegen verschiedener Freibeträge keine Steuern zahlen müssen. Ist die Rente aber höher und kommen vielleicht noch weitere Einkünfte wie Betriebsrenten, Zinsen, Mieten hinzu, müssen Sie damit rechnen, Steuern zahlen zu müssen.

In den Folgejahren gilt allerdings eine andere Rechnung. Der Betrag, der im Jahr des Rentenbeginns steuerfrei geblieben ist, verändert sich nicht mehr. Er gilt als unveränderter Steuerfreibetrag in den Folgejahren weiter.

BEISPIEL:

Bei Rentenbeginn 2021 waren 19 % steuerfrei. Das waren monatlich 190,00 € und im Jahr 2.280,00 €. Auch wenn die Rente steigt, bleibt es bei diesem Freibetrag von 2.280,00 €.

Wenn die Rente im Jahre 2026 monatlich 1.100,00 € betragen sollte, also im Jahr 13.200,00 €, beträgt der Freibetrag weiterhin 2.280,00 €. Es sind dann also 10.920,00 € zu versteuern.

In die Berechnung zur Steuer wird auch die Grundrente einbezogen.

Anders als die Beiträge für Kranken- und Pflegeversicherung wird die Steuer nicht von der Rente abgezogen. **Sie müssen selbst eine Steuererklärung abgeben** und die Steuer an das Finanzamt entrichten, wenn dieses nach Ihren gesamten persönlichen und wirtschaftlichen Verhältnissen eine Steuerpflicht feststellt.

Sie sind als Rentner **zur Abgabe einer Steuererklärung verpflichtet**, wenn Ihre Einkünfte den Grundfreibetrag übersteigen. Dieser betrug 2020 für Alleinstehende 9.408,00 € und für Verheiratete 18.816,00 €. Dieser Betrag wird meistens jährlich angehoben. Die Steuererklärung muss bis zum 31. Juli des Folgejahres abgegeben werden, also bis 31. Juli 2022 für das Jahr 2021.

Wenn Sie nur eine geringe Rente haben und auch keine weiteren Einkünfte, kann es sein, dass das Finanzamt auf die Abgabe einer Steuererklärung verzichtet. Das müssen Sie mit dem Finanzamt klären.

! Sie sollten wissen, dass die **Rentenversicherung der Finanzverwaltung mitteilt**, wie viel Rente Sie bekommen.

Kapitel 8: Bekomme ich Grundsicherung trotz Grundrente?

Seit vielen Jahren gibt es die **Grundsicherung im Alter und bei Erwerbsminderung** für Menschen, deren Rente nicht ausreicht, den notwendigen Lebensunterhalt zu sichern. Die Grundsicherung muss jährlich beim Sozialamt beantragt werden. Auf die Grundsicherung werden in hohem Maße Einkommen und Vermögen angerechnet. Entsprechend umfangreiche Belege müssen vorgelegt werden.

Die Grundrente ersetzt nicht die Grundsicherung. Die Grundrente soll denjenigen helfen, die viele Jahre Rentenversicherungsbeiträge geleistet haben, aber dennoch eine unzureichende Rente haben, weil sie sehr wenig verdient haben. Für sie werden zusätzliche Entgeltpunkte in der Rentenversicherung hinzugerechnet. Vermögen wird auf die Grundrente nicht angerechnet. Einkommen wird angerechnet, aber wesentlich großzügiger als bei der Grundsicherung.

Dennoch wird es trotz Grundrente weiterhin Menschen geben, deren Rente nicht ausreicht, den notwenigen Lebensunterhalt zu sichern. Sie haben auch weiterhin einen Anspruch auf Grundsicherung. Dies gilt auch dann, wenn Sie Grundrente beziehen. Diese ist ja auch eigentlich keine eigenständige Leistung, sondern eine besondere Art der Rentenberechnung.

Sie konnten in den vorhergehenden Kapiteln erfahren, dass die Berechnung der Grundrente sehr kompliziert und in der ersten Zeit ab 2021 sehr zeitaufwendig ist. Deshalb wird sich teilweise erst Ende 2022 herausstellen, ob und wieviel Grundrente Sie bekommen. Schon deshalb wird es oft nötig sein, zunächst Grundsicherung in Anspruch zu nehmen. Vielleicht stellt sich später heraus, dass Ihnen Grundrente zusteht. Dann werden Grundrente und Grundsicherung miteinander verrechnet. Erst einmal ist aber Ihr notwendiger Lebensunterhalt gesichert.

! Sie sollten sich auch bei geringen Einnahmen nicht scheuen, Grundsicherung zu beantragen. Grundsicherung wird nämlich nicht rückwirkend geleistet. Sichern Sie also durch einen Antrag auf Grundsicherung Ihre Rechte.

Wenn Sie nach Zahlung der Warmmiete weniger als 700,00 € monatlich übrig haben, sollten Sie einen Antrag stellen.

! Der neue Freibetrag bezieht sich auf die gesamte Rente, wenn Sie 33 Jahre Grundrentenzeit erreicht haben.

Die neuen Regelungen zur Grundrente haben auch eine **Änderung bei der Grundsicherung** gebracht. Schon deswegen lohnt es sich zu prüfen, ob ein Anspruch auf Grundsicherung gegeben sein könnte.

Wenn Sie mindestens 33 Jahre an Grundrentenzeiten erreicht haben, wird bei der Berechnung der Grundsicherung ein **zusätzlicher Freibetrag** berücksichtigt. 100,00 € der Rente werden nicht als Einkommen auf die Grundsicherung angerechnet. Soweit die Rente 100,00 € übersteigt, werden von der weiteren Rente 30 % nicht als Einkommen auf die Grundsicherung angerechnet. Allerdings gibt es einen Höchstbetrag. Dieser ist 50 % des Regelbedarfs der Stufe 1 in der Grundsicherung. Das sind im Jahre 2021 50 % von 446,00 €, also 223,00 €.

BEISPIEL:

Wenn Ihre Rente 500,00 € beträgt, sieht die Rechnung so aus:

Anteil der Rente	Freibetrag	Ergebnis
Bis 100,00 €	100 %	100,00 €
100,00 € bis 500,00 €	30 % von 400,00 €	120,00 €
Freibetrag		**220,00 €**

Ob Sie mindestens 33 Jahre Grundrentenzeit erreicht haben, prüft nicht das Sozialamt. Vielmehr besorgt sich das Sozialamt diese Information bei der Rentenversicherung. Es kann sein, dass die Information nicht sofort vorliegt. Wenn die Information erst später kommt, muss der Freibetrag rückwirkend berücksichtigt werden. Sie sollten deshalb darauf achten, ob die Grundrentenzeit richtig berücksichtigt wurde.

Kapitel 9: Wann bekomme ich Grundsicherung im Alter?

Ausführliche Informationen zur Grundsicherung im Alter enthält die in dieser Reihe vom Beck-Verlag herausgegebene Informationsbroschüre „Was tun, wenn die Rente nicht reicht". An dieser Stelle wird nur ein **allgemeiner Überblick** gegeben. Insbesondere werden die Leistungen nicht aufgezählt, die Kinder bekommen können, wenn sie in Ihrem Haushalt leben.

1. Grundlagen

Sie erhalten Grundsicherung im Alter, wenn Sie

- bedürftig sind
- die meiste Zeit in Deutschland leben
- Rente beziehen oder das gesetzliche Rentenalter erreicht haben.

Grundsicherung bekommen Sie nur, wenn Sie **bedürftig** sind. Das sind Sie, wenn Sie von Ihrem Einkommen und Vermögen nicht leben können

Festgestellt wird das in mehreren Schritten. Zuerst wird berechnet, wie viel Geld Sie zum Leben brauchen – Ihr Bedarf. Dann wird geprüft, wie viel Geld Sie haben – Ihr Einkommen und Vermögen. Im dritten Schritt wird beides miteinander verglichen.

Um Grundsicherung zu erhalten, müssen Sie einen **Antrag** stellen – am besten schriftlich. Dazu genügt ein formloser Brief. Sie können den Antrag auch mündlich stellen, direkt beim Sozialamt. Wahrscheinlich erhalten Sie dort ein Antragsformular – das füllen Sie aus und unterschreiben es.

Wenn Sie mit jemand **zusammenleben**, etwa als Ehepaar, bilden Sie eine Einsatzgemeinschaft. Sie müssen dann beide den Antrag unterschreiben. Das Sozialamt prüft, ob jeder von Ihnen einen Anspruch auf Grundsicherung hat.

Grundsicherung wird meistens für **ein Jahr** bewilligt. Wenn das abgelaufen ist, sollten Sie einen **Folgeantrag** stellen.

Im Jahre 2019 betrug der anerkannte Bedarf an Grundsicherung im Bundesdurchschnitt 813,00 €. Er kann im Einzelfall aber auch wesentlich höher liegen. Das hängt vor allem von den Mietkosten ab. Wenn Sie nach Abzug der Warmmiete nur noch 700,00 € übrighaben, sollten Sie auf jeden Fall einen Antrag auf Grundsicherung stellen.

2. Laufende Leistungen

Die Grundsicherung besteht aus mehreren Teilen. Dies sind zunächst **laufende Leistungen**. Zu ihnen gehören:

- Regelbedarf
- Mehrbedarf
- Beiträge zur Kranken- und Pflegeversicherung
- Kosten für das Wohnen
- Leistungen für den Schulbesuch
- Einmalige Leistungen

Der Regelbedarf soll für Essen und Trinken, Hausrat, Kleidung, Körperpflege und die persönlichen Bedürfnisse des täglichen Lebens ausreichen. Erwachsene erhalten monatlich einen festen Betrag als **Regelbedarf**. Er beträgt ab dem Jahr 2021

- für eine alleinstehende Person 446,00 €.
- für eine Person in einer Ehe oder Partnerschaft 401,00 €.
- für einen Erwachsenen ohne eigenen Haushalt (z. B. eine behinderte Person, die in einer Wohneinrichtung lebt) 357,00 €.

In bestimmten Lebenslagen entstehen besondere Kosten. In diesen Fällen wird ein sogenannter **Mehrbedarf als Zuschlag** gezahlt:

a) wenn wegen einer Erkrankung eine besondere Ernährung nötig ist
b) für schwerbehinderte Menschen mit Merkzeichen G oder aG
c) für behinderte Menschen (in bestimmten Fällen)
d) für Schwangere
e) für Alleinerziehende
f) für die Bereitung von Warmwasser

Anspruch auf einen Mehrbedarf haben Personen, die **aus medizinischen Gründen eine besonders teure Ernährung** brauchen. Es geht hier nur um die Ernährung – nicht um andere Kosten, die durch eine Krankheit entstehen.

Um diesen Mehrbedarf zu bekommen, müssen Sie dem Sozialamt eine **ärztliche Bescheinigung** vorlegen. Darin muss stehen: Ihre Erkrankung und der Grund für die teure Ernährung. Das Sozialamt kann zusätzlich ein Gutachten durch einen anderen Arzt verlangen – etwa durch einen Arzt im Gesundheitsamt.

Sie können sich beim Versorgungsamt als **Schwerbehinderter** anerkennen lassen. Das Versorgungsamt stellt Ihnen dann einen Bescheid und einen Ausweis aus. Wenn Sie schwerbehindert sind, weil Sie sich nur noch sehr schlecht im Straßenverkehr bewegen können, wird Ihr Ausweis mit dem **Merkzeichen G oder aG** versehen. Legen Sie den Bescheid des Versorgungsamtes oder den Ausweis beim Sozialamt vor, um den Mehrbedarf zu bekommen. Er beträgt in diesem Fall 17 % des Regelbedarfes.

Wenn Sie alleine mit einem oder mehreren minderjährigen Kindern zusammen leben und **alleine für die Pflege und Erziehung der Kinder sorgen**, dann bekommen Sie einen Mehrbedarf. Wie hoch er ist, richtet sich danach, wie viele Kinder es sind und wie alt sie sind.

Sie bekommen diesen Mehrbedarf, wenn das Kind bei Ihnen wohnt und Sie alleine für das Kind sorgen – auch wenn Sie nicht die Mutter oder der Vater sind. Diesen Mehrbedarf gibt es also auch für Verwandte und auch Nicht-Verwandte, wenn das Kind bei ihnen lebt und von Ihnen versorgt und erzogen wird.

In vielen Wohnungen wird das Warmwasser von der Heizung erzeugt. Die Kosten für das Warmwasser sind dann in den Heizkosten enthalten. In manchen Wohnungen gibt es aber **besondere Geräte zur Bereitung von Warmwasser** – meistens Elektrogeräte, etwa unter dem Waschbecken oder bei der Dusche. Da in diesem Fall die Kosten für das Warmwasser nicht in den Heizkosten enthalten sind, wird dafür ein Mehrbedarf anerkannt. Er wird für jede einzelne Person berechnet, die in Ihrem Haushalt wohnt und Anspruch auf Sozialleistungen hat.

Grundsätzlich muss jeder Bürger in Deutschland **kranken- und pflegeversichert** sein – bei einem gesetzlichen oder privaten Versicherungsunternehmen. Dennoch gibt es wenige Menschen, die nicht versichert sind. Wenn diese Menschen krank werden und eine Behandlung nicht bezahlen können, haben sie Anspruch auf Hilfen zur Gesundheit vom Sozialamt. Sie werden dann ebenso versorgt wie die Versicherten der gesetzlichen Krankenversicherung.

Vermutlich sind Sie gesetzlich kranken- und pflegeversichert. In der Regel werden die Beiträge gleich abgezogen von der Rente. Das berücksichtigt das Sozialamt, wenn Ihr Einkommen berechnet wird.

3. Einmalige Leistungen

Die Kosten des täglichen Lebens sollen durch den Regelbedarf abgedeckt werden. In besonderen Fällen bewilligt das Sozialamt zusätzliche Zahlungen als **einmalige Leistungen** – für

- Erstausstattung für die Wohnung
- Erstausstattung für Bekleidung
- Orthopädische Schuhe und Geräte für eine medizinische Behandlung

Erstausstattung für die Wohnung wird nur in seltenen Fällen bewilligt:

- Sie ziehen zum ersten Mal in eine eigene Wohnung.
- Sie ziehen von einer möblierten Wohnung in eine Wohnung ohne Möbel.
- Sie hatten längere Zeit keine eigene Wohnung (z. B. wenn Sie längere Zeit im Ausland oder im Betreuten Wohnen gelebt haben, nach Strafhaft oder wenn Sie obdachlos waren).
- Nach einer Scheidung, wenn Möbel und Hausrat fehlen, weil aus dem gemeinsamen Haushalt zwei neue Wohnungen ausgestattet werden müssen.

Bei einer ärztlichen Verordnung über **orthopädische Schuhe** übernimmt das Sozialamt die zusätzlichen Kosten für den Kauf und die Reparatur dieser Schuhe. Brauchen Sie medizinische Geräte zur Selbstbehandlung, zahlt das Sozialamt die Kosten für deren Miete, Reparatur und Ausstattung. Um diese Leistungen zu erhalten, müssen Sie einen Antrag stellen.

4. Kosten der Unterkunft – Miete

Zur Grundsicherung gehören auch die **Kosten für das Wohnen**. Nur wenn Ihre Wohnkosten angemessen sind, zahlt das Sozialamt sie auf Dauer in voller Höhe.

Das Sozialamt verlangt von Ihnen, Ihre Wohnkosten zu senken, wenn sie bisher unangemessen hoch waren.

Zu den Wohnkosten gehören:

- Miete
- Nebenkosten
- Heizkosten
- Umzugskosten
- Renovierungskosten/Schönheitsreparaturen
- Kosten der Unterkunft, wenn Sie Eigentümer der Wohnung oder des Hauses sind.

Auf Dauer übernimmt das Sozialamt nur **angemessene Kosten**. Für die Frage, ob Mietkosten angemessen sind, ist entscheidend:

- die Größe der Wohnung und die Zahl der Bewohner
- die Höhe der Miete.

Für die angemessene Größe einer Wohnung gelten die gleichen Richtwerte wie beim Sozialen Wohnungsbau – siehe folgende Tabelle.

Anzahl der Personen im Haushalt	Größe der Wohung in m²	Anzahl der Räume
1 Person	45 bis 50 m²	1 bis 2
2 Personen	60 m²	2
3 Personen	75 bis 80 m²	3
4 Personen	85 bis 90 m²	4
Für jede weitere Person	10 bis 15 m²	1 Raum mehr

Bei der Zahl der Räume zählen Küche und Bad nicht mit.

Besonderheiten müssen berücksichtigt werden: Zum Beispiel wie die Wohnung aufgeteilt ist oder dass ein Rollstuhlfahrer mehr Platz braucht.

Entscheidend ist jedoch die **Höhe der Miete** und nicht die Größe der Wohnung. Ist also die Miete angemessen, darf das Sozialamt nicht verlangen, dass Sie ausziehen – auch wenn die Wohnung zu groß ist. Es muss in diesem Fall die volle Miete anerkennen.

Das Sozialamt muss für die **Mietobergrenze** eigene Richtwerte festlegen. Diese Richtwerte müssen sich immer danach richten, wie hoch die Mieten in der jeweiligen Stadt und Gemeinde tatsächlich sind. Es muss auch wirklich Wohnungen zu diesen Mietpreisen geben. Wo es einen Mietpreisspiegel gibt, kann er als Maßstab benutzt werden. In Großstädten kann es für verschiedene Stadtteile unterschiedliche Mietobergrenzen geben.

Viele Sozialämter akzeptieren auch Mietkosten, die 5 % bis 10 % über der Mietobergrenze liegen. Als Mieter bekommen Sie dann einen sogenannten **Bagatellzuschlag** und müssen nicht umziehen oder untervermieten.

Nebenkosten sind alle Kosten, die nach der Betriebskostenverordnung auf Mieter verteilt werden können. Dazu gehören z. B. Wasser, Abwasser, Grundsteuern, Hausversicherungen, Straßenreinigung, Beleuchtung der Gemeinschaftsflächen, Gebühren für Hausmeister und Schornsteinfeger usw. Der Vermieter stellt diese Kosten in Rechnung.

Zu den **Kosten für Heizung und Warmwasser** gehören

- Monatliche Vorauszahlungen für Heizung und Warmwasser
- Kosten für das Bereiten von Warmwasser, wenn dies nicht über die Heizung geschieht.
- Nachzahlungen bei der jährlichen Abrechnung der Energiekosten.
- Kosten für das Füllen eines Gas- oder Öltanks und das Einlagern von Holz oder Kohle.
- Kosten für selbst gekaufte Brennstoffe.
- Kosten für den Betrieb und die Wartung der Heizung und für die gesetzlich vorgeschriebenen Abgas-Messungen.

Wenn Sie **umziehen**, sollten Sie sich dafür unbedingt die Zustimmung des Sozialamtes holen – bevor Sie den Mietvertrag unterschreiben. Nur dann wird die Miete der neuen Wohnung in voller Höhe übernommen. Das Sozialamt muss Ihrem Umzug zustimmen, wenn er notwendig ist.

Das Sozialamt sichert die Übernahme von **Umzugskosten** nur zu, wenn Sie eine konkrete Wohnung nachweisen, die Sie anmieten wollen. Es wird Ihnen die Übernahme von Umzugskosten nicht ganz allgemein zusichern.

Für die **Mietsicherheit** (Kaution) ist das Sozialamt am neuen Wohnort zuständig. Wenn es die Mietsicherheit bewilligt, bekommen Sie den Betrag als **Darlehen**.

Kosten für Renovierung und im Mietvertrag vereinbarte **Schönheitsreparaturen** gehören zu den Kosten der Unterkunft.

Bei der **eigenen Wohnung oder dem eigenen Haus** gehören zu den Unterkunftskosten auch die Zinsen, die Sie an Ihre Bank oder Sparkasse für Ihren Hauskredit bezahlen. Dasselbe gilt für dauernde Lasten wie Erbpacht. Die Tilgung eines Darlehens zählt in der Regel nicht zu den Unterkunftskosten, weil dadurch Eigentum entsteht. Das bedeutet, dass Sie die Tilgung des Hauskredits aus dem Regelbedarf bezahlen müssen. Oder Sie müssen mit der Bank vereinbaren, dass Sie für eine Übergangszeit mit der Tilgung aussetzen.

Sogenannte **Erhaltungsaufwendungen** für ein Eigenheim übernimmt unter Umständen das Sozialamt. Dazu gehören beispielsweise notwendige Reparaturen am Haus (Dach, Fenster usw.) oder an wichtigen Versorgungseinrichtungen (Heizung, Stromnetz, Wasser- und Abwasserrohre).

5. Anrechnung von Einkommen

Grundsätzlich wird Ihr **Einkommen** auf die Grundsicherung angerechnet. Zu Ihrem Einkommen zählen Ihre gesamten Einnahmen. Daraus wird das anrechenbare Einkommen ermittelt – das heißt, dass bestimmte Beträge nicht angerechnet oder abgezogen werden.

Einkommen sind **alle Einnahmen in Geld oder Geldeswert**. Dazu zählen Renten aus der gesetzlichen Rentenversicherung oder einer betrieblichen Altersversorgung, Zahlungen aus einer Lebensversicherung, Kindergeld, Einkommen aus einer Beschäftigung oder aus einem Ehrenamt, Zinseinnahmen. Zum Einkommen gehören auch Sachleistungen, die Sie bekommen. Zum Einkommen gehören auch **Unterhaltszahlungen**, die Sie tatsächlich erhalten. Sie müssen aber keine Unterhaltsansprüche gegen Ihre Eltern oder Kinder stellen.

Geld, das bei der Antragstellung bereits vorhanden ist, gilt als Vermögen.

Etliche Einkommensarten werden auf die Grundsicherung nicht angerechnet. Darüber können Sie sich in der oben genannten Broschüre informieren.

Bestimmte Beträge werden vom Einkommen abgezogen, insbesondere

- **Steuern**, die Sie auf das Einkommen bezahlt haben, auch die Kirchensteuer
- **Pflichtbeiträge zur Sozialversicherung**, also zur Kranken- und Pflegeversicherung
- Beiträge zu öffentlichen oder privaten **Versicherungen**, wenn sie gesetzlich vorgeschrieben sind oder sinnvoll und nicht zu teuer sind (etwa eine private Haftpflichtversicherung, eine Hausratversicherung)
- Beiträge zu einer **staatlich geförderten privaten Pflegeversicherung** bis zum Mindestbetrag von 60 € im Jahr
- **Werbungskosten**
- **Freibetrag aus Renten** bei mindestens 33 Jahren Grundrentenzeiten

6. Anrechnung von Vermögen

Wer aus seinem **verwertbaren Vermögen** seinen Lebensunterhalt sichern kann, ist nicht hilfebedürftig und erhält keine Grundsicherung. Unter Vermögen versteht man **Geld oder geldwerte Güter**. Dazu gehören Bargeld, Guthaben auf Konten, ein Auto, Schmuckstücke, Gemälde, Antiquitäten, eine Wohnung oder ein Haus und andere wertvolle Dinge. Zum Vermögen gehören auch auf Geld gerichtete Forderungen, Aktien, Gesellschaftsanteile und persönliche Rechte wie Nießbrauch und Urheberrechte.

Vermögen ist verwertbar, wenn es unmittelbar für den Lebensunterhalt eingesetzt oder nutzbar gemacht werden kann – etwa durch Verkauf, Verbrauch, Übertragung, Beleihung, Vermietung/Verpachtung. Nur verwertbares Vermögen kann angerechnet werden.

Viele Gegenstände müssen nicht eingesetzt werden – sie sind **geschützt**. Dies sind vor allem:

- Angemessener **Hausrat**
- **Familien- und Erbstücke**, wenn der Verkauf für Sie oder Ihre Familie eine besondere Härte wäre
- Gegenstände, die Sie unbedingt für Ihre Arbeit brauchen.
- Gegenstände, die Sie für eine **wissenschaftliche oder künstlerische Arbeit** benötigen.
- Selbst bewohnte Eigentumswohnung oder Haus von angemessener Größe.
- Allgemeiner Freibetrag von 5.000,00 € je volljähriger Person.

Kapitel 10: Auswirkung der Grundrente auf andere Leistungen

Auch in der **Grundsicherung für Arbeitsuchende** wird ein zusätzlicher Freibetrag berücksichtigt, wenn ein Mitglied der Bedarfsgemeinschaft bereits Rente bezieht und mindestens 33 Jahre an Grundrentenzeiten erreicht hat. Dieser Freibetrag beträgt 100,00 €. Hinzu kommen 30 % aus dem Anteil der Rente, der 100,00 € übersteigt. Der Freibetrag beträgt höchstens 50 % des Regelbedarfs der Stufe 1. Das sind 223,00 € im Jahre 2021.

Dasselbe gilt für die ergänzende Hilfe zum Lebensunterhalt nach dem **Bundesversorgungsgesetz**.

Auch das **Wohngeldgesetz** enthält einen entsprechenden Freibetrag für jedes Haushaltsmitglied mit mindestens 33 Jahren Grundrentenzeiten. Da das Wohngeld nach Jahreseinkommen berechnet wird, beträgt der Jahresfreibetrag 1.200,00 € zuzüglich 30 % des darüber liegenden jährlichen Renteneinkommens, höchstens aber 2.676,00 €.

Wenn Ihnen im Jahre 2020 Wohngeld auch für das Jahr 2021 bewilligt wurde, wird der auf 2021 entfallende Freibetrag automatisch nachträglich bewilligt, sobald die Wohngeldbehörde erfährt, dass Sie 33 Grundrentenjahre erreicht haben.

Kapitel 11: Beratung und Rechtsschutz

1. Beratung

Die Rentenversicherung berät Sie in allen Fragen der Grundrente. Viele Informationen erhalten Sie auch auf der Internetseite der Deutschen Rentenversicherung.

In nahezu allen Landkreisen finden Sie auch Beratungsstellen der großen Sozialverbände:

Sozialverband Deutschland	www.sovd.de
Sozialverband VdK	www.vdk.de

2. Widerspruch einlegen

Wenn Sie mit Ihrem Bescheid nicht einverstanden sind, können Sie Widerspruch einlegen. Sie finden im Bescheid am Schluss eine Rechtsbehelfsbelehrung. Dort steht auch, wo Sie den Widerspruch einlegen müssen.

Ihr Widerspruch muss innerhalb eines Monats bei der Behörde ankommen. Die Frist beginnt an dem Tag, an dem der Bescheid in Ihrem Briefkasten eingegangen ist. Fehlt die Rechtsbehelfsbelehrung oder ist sie falsch oder unvollständig, beträgt die Frist für einen Widerspruch ein Jahr.

Sie können den Widerspruch zunächst ohne Begründung einlegen. Eine schriftliche Begründung sollten Sie aber nachreichen. Machen Sie deutlich, was Sie in dem Bescheid falsch finden.

Das Widerspruchsverfahren ist kostenlos. Kosten für einen Anwalt erhalten Sie nur zurück, wenn Sie mit dem Widerspruch Recht bekommen und wenn es um besonders schwierige Fragen ging.

3. Klagen vor dem Sozialgericht

Wenn Sie auch den Widerspruchsbescheid falsch finden, können Sie Klage vor dem Sozialgericht erheben. Für eine solche Klage gelten die gleichen Regeln wie für den Widerspruch.

Sie müssen keine Gerichtskosten bezahlen und keinen Anwalt nehmen. Sie können die Klage selbst schriftlich einreichen. Oder Sie lassen sie direkt beim Sozialgericht aufschreiben – das heißt, Sie geben Ihre Klage dort zu Protokoll.

Anwaltskosten bekommen Sie nur dann zurück, wenn Sie den Prozess vor dem Sozialgericht gewonnen haben. Wenn Sie einen Anwalt nehmen wollen, können Sie beim Sozialgericht Prozesskostenhilfe beantragen. Mit Prozesskostenhilfe werden Ihre Anwaltskosten auch dann erstattet, wenn Sie die Klage verlieren. Prozesskostenhilfe muss bewilligt werden,

- wenn Sie kein Geld für einen Anwalt haben
- und wenn Sie Aussicht haben, die Klage zu gewinnen.

4. Klagen vor dem Landessozialgericht oder dem Bundessozialgericht

Wenn Sie vor dem Sozialgericht nicht Recht bekommen, können Sie Berufung an das Landessozialgericht einlegen. Das geht allerdings nur, wenn nach dem Urteil des Sozialgerichts die Berufung möglich ist. Ist die Berufung nicht möglich, können Sie eine Nichtzulassungsbeschwerde an das Landessozialgericht schreiben. Diese Beschwerde muss innerhalb eines Monats beim Landessozialgericht ankommen. Die Frist beginnt mit dem Tag, an dem das Urteil des Sozialgerichtes in Ihrem Briefkasten eingegangen ist.

Grundsätzlich können Sie sich auch gegen ein Urteil des Landessozialgerichtes wehren. Sie können Revision an das Bundessozialgericht einlegen. Dafür müssen Sie sich vertreten lassen – durch einen Anwalt oder eine Organisation, die beim Bundessozialgericht zugelassen ist.

5. Antrag auf einstweiligen Rechtsschutz

Diese normalen Verfahren dauern recht lange. Wenn Sie in Not sind und schnell Hilfe brauchen, können Sie sich direkt an das Sozialgericht wenden – etwa wenn Sie nichts mehr bezahlen können oder Ihre Wohnung verlieren. Sie können direkt beim Sozialgericht einen Antrag auf einstweilige Anordnung stellen, damit Ihr Problem erst einmal geregelt wird. Sie sollten daneben aber auch mit dem normalen Verfahren beginnen – also Widerspruch einlegen und vor dem Sozialgericht klagen.

Stichwortverzeichnis